最短3カ月でフォロワー数
1万人を実現する

株式会社コムニコ
株式会社ジソウ

# ゼロからの
# SNS
# 運用法

How to use
social media
from scratch.

comnico inc.
jisou inc.

SB Creative

## はじめに

　この本では、「伝わるSNS運用」をコンセプトに、最短3ヶ月で、X・Instagram・TikTokの「総フォロワー数1万人」達成のために必要な取り組みをまとめています。

　はじめにお伝えしておくと、この本を最後まで読んでも…

- ●100％バズる！話題を呼ぶコンテンツの作り方
- ●業界の中の人しか知らない！SNSアルゴリズムのハック術
- ●たった1ヶ月で月収7桁!?
  SNSマーケティングでF.I.R.E.できる副業情報

　このような内容は書かれていません。もちろん詳細は弊社のSNSアカウントのプロフィールから固定投稿をチェックしても載っていません。

　大前提として、SNS運用は地道な日々の積み重ねで少しずつ成果を出していくものです。一発逆転の裏ワザはない一方で、適切なコンセプト設計と努力の継続さえできれば、わずかながらでもアカウントを成長させていくことが可能です。

この本で解説していく「伝わるSNS運用」とは、ユーザー目線で「どんなアカウントなのか」、「どんなコンテンツを扱っているのか」、「何が有益なのか」などができるだけわかりやすく表現されている状態を指しています。

　どれだけ素晴らしいコンテンツを取り扱っていても、それがユーザーへ伝わらなければアカウントの成長は見込めません。X・Instagram・TikTok、それぞれの媒体の特長やユーザー特性を知り、各アカウントのコンセプトから日々の投稿まで、この本ではユーザーへ「伝わる」ための考え方・つくり方を解説していきます。

　どんな人や企業でも、SNSアカウントを開設した瞬間は0フォロワーです。SNS上での数値はこれまでの、あるいはこれからのコミュニケーション次第で大きく変わります。「伝わる」ための地道な努力を効率的に続けて、一緒に総フォロワー1万人を目指していきましょう。

2024年10月吉日<br>
株式会社コムニコ<br>
株式会社ジソウ

最短3ヵ月でフォロワー数1万人を実現する ゼロからのSNS運用法 | 目次 CONTENTS

はじめに ...... 002

目次 ...... 004

本書に関するお問い合わせ ...... 012

# Chapter 01 SNS運用の基礎知識

## Section 1
### なぜSNSマーケティングが必要なのか ...... 014
- 01 SNSとは ...... 014
- 02 SNS運用の課題と魅力 ...... 016
- 03 フォロワー数の増加イメージを掴もう ...... 018

## Section 2
### 堅実にフォロワーを増やすためのサイクル ...... 021
- 01 フォロワーが増える状態を作りだす ...... 021
- 02 アカウントの有益性が伝わるように整える ...... 023
- 03 高頻度かつ継続的に発信を続ける ...... 023

## Section 3
### 有益性の設定で運用を成功させる ...... 025
- 01 戦略的に有益性を設定する ...... 025
- 02 本来とは異なる有益性の設定を避ける ...... 026
- TIPS お金をかけなければフォロワーは増えないの？ ...... 027

## Section 4
### 高頻度の投稿で運用を成功させる ...... 028
- 01 ユーザーからのフィードバック機会を増やす ...... 028
- TIPS 自社にとっては「当たり前」でも… ...... 029
- 02 ユーザーへのイメージ（印象）を作る ...... 029
- TIPS 単純接触効果（ザイオンス効果）を利用する ...... 029

### Section 5
## 複数SNSの運用で生まれる3つの相乗効果 ········· 030
- 01 SNSの使い分けで効果を最大化する ·········· 030
- 02 狙ったターゲットにアプローチする ·········· 030
- 03 新規のフォロワーを獲得できる ············ 031

### Section 6
## SNSごとの特徴を理解する ················ 032
- 01 主なSNSの特徴を比較する ··············· 032
- 02 LINEの特徴 ························ 033
- 03 YouTubeの特徴 ····················· 033
- 04 X(旧Twitter)の特徴 ·················· 033
- 05 Instagramの特徴 ···················· 034
- 06 TikTokの特徴 ······················ 034
- 07 Facebookの特徴 ···················· 034
- 08 変化を続けるSNS ···················· 035

### Section 7
## SNS総フォロワー数1万人を目指すためのロードマップ ··· 036
- 01 SNS運用のロードマップを確認する ··········· 036
- 02 シーズン1(0〜1,000フォロワー):コミュニティと仲良くなる ··· 037
- 03 シーズン2(1,001〜):マスにウケる ·········· 037
- TIPS フォロワー1万人って誰でも達成できる? ······ 038
- 04 ポイントを押さえて運用準備を始めよう ········· 039
- TIPS SNS運用は極力「専用端末」で行う ········· 040

# Chapter 02 | SNSアカウントのコンセプトを設計する

### Section 1
## SNS運用を始める前に決めるべき3つのこと ······· 042
- 01 「なにを」「どのように」伝えたいかを整理しよう ···· 042

02 SNSで「なにを」伝えるか設定しよう ・・・・・・・・・・・・・・・・・・・・・・・・ 043
03 SNSで「どのように」伝えるか設定しよう ・・・・・・・・・・・・・・・・・・・ 043
　TIPS コンセプトは他アカウントの二番煎じでもいいの？ ・・・・・・・・・ 045
04 SNSで「誰に」伝えたいかを整理しよう ・・・・・・・・・・・・・・・・・・・・・ 045

### Section 2
## SNSで伝わった結果を想定しておこう ・・・・・・・・・・・・・・・・・・・ 046
01 伝わった結果どうなって/感じてほしいかを考えよう ・・・・・・・・・・・ 046
　TIPS ユーザーのリアクションを具体的に考える ・・・・・・・・・・・・・・・ 047

### Section 3
## カウントのキャッチコピーを考えてみよう ・・・・・・・・・・・・・・・・ 048
01 アカウントの特徴を言語化する ・・・・・・・・・・・・・・・・・・・・・・・・・・・ 048

### Section 4
## アカウントに最適なアイコンを考えよう ・・・・・・・・・・・・・・・・・・ 050
01 相手に「伝わる」アイコンを設定しよう ・・・・・・・・・・・・・・・・・・・・ 050
02 アカウントを運用していく上で重要な考え方 ・・・・・・・・・・・・・・・・ 052

# Chapter 03 | X(Twitter)を運用する

### Section 1
## X(Twitter)の概要を確認しよう ・・・・・・・・・・・・・・・・・・・・・・・・・ 054
01 Xとは ・・・・・・・・・・・・・・・・・・・・・・・・・・・・・・・・・・・・・・・・・・・・・・・・ 054

### Section 2
## Xのアカウントの準備をしよう ・・・・・・・・・・・・・・・・・・・・・・・・・・ 056
01 Xのアカウント作成のポイント ・・・・・・・・・・・・・・・・・・・・・・・・・・・ 056
02 新規アカウントを作成する ・・・・・・・・・・・・・・・・・・・・・・・・・・・・・・ 056
03 プロフィールを設定する ・・・・・・・・・・・・・・・・・・・・・・・・・・・・・・・・ 057

## Section 3
## Xの投稿を作成しよう ... 059
- 01 テキスト投稿 ... 059
- 02 リンク投稿 ... 059
- 03 静止画投稿 ... 060
- 04 動画/GIFアニメーション投稿 ... 061
- 05 投票投稿 ... 061
- 06 投稿に対するリアクション機能を使おう ... 062
- 07 投稿の固定 ... 063
- 08 DM(ダイレクトメッセージ)を活用しよう ... 064
- TIPS Xプレミアムには入るべき? ... 064

## Section 4
## Xの運用のポイントを押さえよう ... 065
- 01 Xの運用で押さえておきたい3つのポイント ... 065
- 02 トレンド(リアルタイム性)を押さえる ... 066
- TIPS Xのハッシュタグは何個つければいい? ... 067
- 03 ユーザーコミュニケーションでコンテンツを完成させる ... 068
- TIPS Xポストのスコアについて知っておこう ... 070
- 04 投稿でバズを狙う ... 071
- TIPS 投稿に最適な画像サイズ・解像度を知ろう ... 073

## Section 5
## Xの反応を分析しよう ... 081
- 01 Xアナリティクスで分析する ... 081
- 02 投稿を分析する ... 082
- 03 アカウントを分析する ... 086
- まとめ Xの特徴を生かして運用する ... 089
- TIPS Xのタイムライン自体を分析してみる ... 090

# Chapter 04 | Instagramを運用する

### Section 1
**Instagramの概要を確認する** ......... 092
- 01 Instagramとは ......... 092

### Section 2
**Instagramのアカウントを準備する** ......... 094
- 01 アカウントを作成する際のポイント ......... 094
- 02 Instagramの新規アカウントを作成する ......... 094
- 03 アカウントの設定を行おう ......... 095
- 04 プロアカウントへ変更する ......... 096

### Section 3
**Instagramの投稿機能を使って投稿を作成しよう** ......... 098
- 01 Instagramの投稿のポイント ......... 098
- 02 フィード投稿 ......... 098
- 03 リール投稿 ......... 099
- 04 ストーリーズ投稿 ......... 099
- 05 Instagramでクリエイティブを編集する ......... 100
- 06 投稿に対するリアクション機能を使おう ......... 103
- 07 投稿を固定する ......... 104
- 08 ストーリーズハイライトを作成する ......... 104
- 09 DM（ダイレクトメッセージ）を利用する ......... 104

### Section 4
**Instagramの運用のポイントを押さえよう** ......... 105
- 01 Instagramの運用のポイント ......... 105
- 02 より多く、より速く、より長く ......... 106
- TIPS Instagramのアルゴリズムを理解する ......... 110
- 03 1対1のコミュニケーションを活発に行う ......... 111

04 発見タブへ露出（バズ）を狙う ……………………………………………… 112
　TIPS リールの露出が少なくなる要因 ……………………………………… 114

### Section 5
## Instagramの分析 …………………………………………………………… 115
01 Instagramの分析のポイント …………………………………………… 115
02 フィード・リール投稿を分析する ……………………………………… 116
03 ストーリーズ投稿を分析する …………………………………………… 119
　TIPS オズボーンのチェックリスト ……………………………………… 124
04 アカウントを分析する …………………………………………………… 125
　TIPS 予約投稿機能を活用しよう ………………………………………… 133
まとめ Instagramの特徴を生かして運用する ………………………… 134

# Chapter 05 | TikTokを運用する

### Section 1
## TikTokの概要を確認しよう ……………………………………………… 136
01 TikTokとは ………………………………………………………………… 136

### Section 2
## TikTokのアカウントを準備する ………………………………………… 138
01 TikTokのアカウントを準備するポイント …………………………… 138
02 TikTokのアカウントを設定する ……………………………………… 138

### Section 3
## TikTokの投稿を作成する ………………………………………………… 140
01 TikTokの投稿を作成する ………………………………………………… 140
02 TikTokの投稿にリアクションする ……………………………………… 141
03 DM（ダイレクトメッセージ）でやり取りする ………………………… 142
　TIPS TikTokの投稿をダウンロードする ………………………………… 142

### Section 4
### TikTokの運用のポイントを押さえよう ……………………… 143
- 01 TikTok運用のポイント ……………………… 143
- 02 最初の2秒を逃さない ……………………… 144
- 03 コメント欄を味方につける ……………………… 145
- 04 TikTokのトレンド＋自分ならではの面白さ ……………………… 146

### Section 5
### TikTokを分析する ……………………… 148
- 01 TikTokを分析するポイント ……………………… 148
- 02 TikTokの投稿を分析する ……………………… 148
- 03 アカウントを分析する ……………………… 154
- まとめ TikTokの特徴を生かして運用する ……………………… 160

## Chapter 06 | SNS運用に役立つテクニック

### Section 1
### 炎上対策 ……………………… 162
- 01 炎上（ネット炎上）とは ……………………… 162
- 02 炎上はなぜ起こるのか ……………………… 162
- 03 炎上を予防する ……………………… 164
- 04 「炎上さしすせそ」を押さえておこう ……………………… 166
- 05 炎上の早期発見・早期消火 ……………………… 167
- 06 もし炎上してしまったら ……………………… 168
- 07 炎上後の対応 ……………………… 170

### Section 2
### ソーシャルリスニング（エゴサーチ）を活用する ……………………… 171
- 01 ソーシャルリスニングを行う ……………………… 171
- TIPS 公式ハッシュタグを制定して活用しよう ……………………… 172

## Section 3
### アクティブコミュニケーションを活用する ... 173
- 01 アクティブコミュニケーションを行う ... 173
- 02 ポジティブな発言に対するアクティブコミュニケーション ... 173
- 03 ネガティブな発言に対するアクティブコミュニケーション ... 175
- TIPS 検索避けの対応は避ける ... 176

## Section 4
### プレゼントキャンペーンを実施する ... 177
- 01 プレゼントキャンペーンを成功させるポイント ... 177
- TIPS インセンティブ選びは各SNSの利用規約に則って ... 178

## Section 5
### ライブ配信を活用する ... 179
- 01 ライブ配信とは ... 179
- 02 ライブ配信の有効性を考える ... 179

## Section 6
### 生成AIを活用する ... 182
- 01 生成AIの活用とその注意点について ... 182
- 02 プロンプトについて ... 183

## Section 7
### 適材適所のプラットフォーム選び ... 186
- 01 速報性の高いコンテンツ ... 186
- 02 視覚的に魅力があるコンテンツ ... 187
- 03 エンターテイメント性の高いコンテンツ ... 188
- 04 教育・啓発コンテンツ ... 189
- 05 クロスプラットフォーム ... 190

おわりに ... 191

## ●本書に関するお問い合わせ

この度は小社書籍をご購入いただき誠にありがとうございます。小社では本書の内容に関するご質問を受け付けております。本書を読み進めていただきます中でご不明な箇所がございましたらお問い合わせください。なお、ご質問の前に小社Webサイトで「正誤表」をご確認ください。最新の正誤情報を下記のWebページに掲載しております。

### ■本書のサポートページ

https://isbn2.sbcr.jp/26051/

上記ページのサポート情報にある「正誤情報」のリンクをクリックしてください。なお、正誤情報がない場合、リンクは用意されていません。

### ○ご質問送付先

ご質問については下記のいずれかの方法をご利用ください。

### Webページより

上記のサポートページ内にある「お問い合わせ」をクリックしていただくと、メールフォームが開きます。要綱に従ってご質問をご記入の上、送信してください。

### 郵送

郵送の場合は下記までお願いいたします。

〒105-0001
東京都港区虎ノ門2-2-1
SBクリエイティブ　読者サポート係

---

■本書は特に記載がない限り、2024年10月の情報を元に作成されています。異なる環境では画面や機能などが一部異なる可能性がございます。あらかじめご了承ください。
■本書内に記載されている会社名、商品名、製品名などは一般に各社の登録商標または商標です。本書中では®、™マークは明記しておりません。
■本書の出版にあたっては正確な記述に努めましたが、本書の内容に基づく運用結果について、著者およびSBクリエイティブ株式会社は一切の責任を負いかねますのでご了承ください。

©2024 comnico inc.　本書の内容は著作権法上の保護を受けています。著作権者・出版権者の文書による許諾を得ずに、本書の一部または全部を無断で複写・複製・転載することは禁じられております。

Chapter 01

# SNS運用の基礎知識

アカウントを開設して実際に運用を始める前に、まずはX・Instagram・TikTok自体の特長や、共通する運用戦略を確認しましょう。

# なぜSNSマーケティングが必要なのか

まずはたくさんの広告媒体がある中でなぜSNSマーケティングに取り組むのか、その手法がもつ特長や効果について確認しましょう。

## 01 | SNSとは

　SNSは「Social Networking Service」の略称で、「友だちなどとつながって、文章や写真、動画などで自分を表現したり、コミュニケーションするサービス」のこと[*1]です。現在、国内外を問わず**多くの企業・団体がマーケティング活動にSNSを活用しています。**

　「SNSマーケティング」がテレビや新聞などの**従来の広告媒体やデジタル広告と違う点は、「双方向のコミュニケーション」が可能なところです。**SNSでは広告主がターゲットとなる消費者へメッセージを届けるだけではなく、ユーザーが企業にコメントを送ったり、企業とユーザーが会話したりすることで、一方向で終わらない多様なコミュニケーションが実現できます。

---

＊1 出所: ソーシャルメディアの普及がもたらす変化｜総務省
https://www.soumu.go.jp/johotsusintokei/whitepaper/ja/h27/pdf/n4200000.pd

- SNSを介した企業とユーザーの関係性

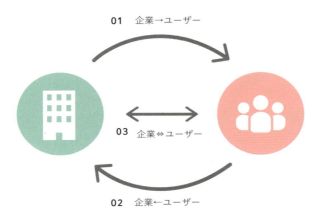

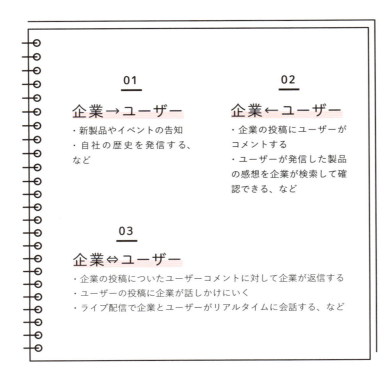

## 02 | SNS運用の課題と魅力

　SNSは基本的にどの媒体も無料で利用できます。また、日本において各SNSの月間アクティブユーザー数は、X：6,650万、Instagram：6,600万、TikTok：2,700万（※2024年6月現在）いることもあって、企業のSNSアカウントも「プライベートでSNSを使っている」という、利用経験がある方が運用を担当することも少なくありません。そのため、マーケティングの1つの手段として始めるハードルは低いといえるでしょう。しかし、SNSアカウントを開設していざ運用を始めると、多くの方が次のような問題に直面します。

- ●製品やサービスの魅力が思うように伝わらない。
- ●情報発信をしてもユーザーからリアクションがない。
- ●ユーザーとどのように交流すればいいかわからない。

　このように、実際に運用してみるとコミュニケーションを目的とした環境であるが故の難しさを感じる方が多いようです。当然、投稿に対してユーザーから反応もなく、結果も出ないので担当者も継続するモチベーションを保ちづらくなります。

　ただその一方で、コミュニケーションが重要であるからこそ、**資本力やネームバリューだけに依らず、中小企業や個人が戦略と継続によって成功をつかめる可能性がある点が、SNSマーケティングの魅力**であるともいえるでしょう。

本書籍では、目標として3つのSNSを合わせた総フォロワー数1万達成を目指します。SNSは媒体ごとにさまざまな指標があり、それぞれが相互に影響し合っています。そのため、一概に「この数値だけが重要」という値はありませんが、「バズ」など一過性の数値ではなく、**継続して運用することではじめて増える/維持できる目標として「フォロワー数」の推移を軸に考えていきます。**これは、3つの媒体を1名〜少人数で同時に運用することを考慮すると、細かい数値を追うことにリソースを割くより、コンテンツの質を高めることに注力する方が効率が良いと考えられるためです。

- 改めて本書の目標を確認する

## 03 | フォロワー数の増加イメージを掴もう

　この本で目標としている1万フォロワーは「無計画に運用しているだけでは到達が難しいものの、最低限のコスト（戦略と継続）によって短期間で達成できる数値」の目安です。

　ファーストステップとして、まずはX, Instagram, TikTokそれぞれで1,000フォロワーを目指します。1,000フォロワーを達成した後は、0→1,000フォロワーまでと比較して、主に以下の理由でフォロワーが増えるペースが増加します。

● **フォロワー数が加速的に増える要因**

**信頼度の向上**
発信内容が同じでもフォロワーが多いほうが、発信の信頼度が増します。そのため、投稿へ反応してもらえたり、拡散したりしてもらえる可能性がより高まります。

**拡散力の向上**
フォロワー数が増えることで、発信がより広くユーザーに届きやすくなります。

**エンゲージメントの向上**
みんなが反応している投稿は反応されやすい傾向があります。そのため、フォロワーの増加に伴って反応数の下限が増えると、より多くの反応を得られる好循環が生まれます。

このフォロワー数増加の変化をもっとも実感しやすいのが0→1,000→10,000フォロワーへと遷移していく段階です。

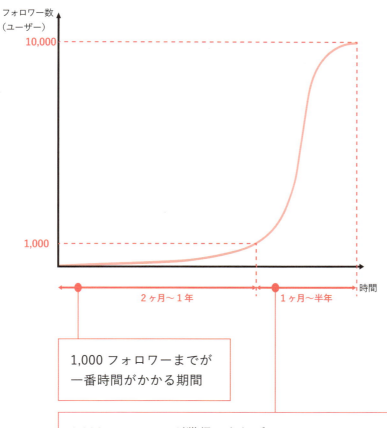

● SNS運用時間とフォロワー数の関係のイメージ

1,000フォロワーまでが一番時間がかかる期間

1,000フォロワーが獲得できれば、**それまでの1/2程度の時間で10,000は達成**できる！

SNSマーケティングには「ここまでやったら終わり」というゴールがないため、できるならやったほうがいいことや意識したほうがいいことは無数にあります。ただ、この本では目標を「フォロワー数増加」に絞り、やるべきアクションをアカウントやコンテンツの良さが伝わるように、戦略的に「わかりやすくすること」と、それを「継続すること」に限定し、頑張って続ければ成果が出るような運用方法を解説しています。

　フォロワー数が伸び悩む時期は必ず訪れますが、継続する限り成果は出続けます。**総フォロワー数10,000は、簡単に達成できる目標ではないからこそ価値がある数字です。**大変ではありますが、達成まで一緒に頑張りましょう。「継続は力なり」です！

# 堅実にフォロワーを増やすためのサイクル

ここでは「最短」での総フォロワー1万達成のために、効率的にSNS運用を進めるためのサイクルをまとめました。機能や特長も異なる3つのSNSでも、基本方針はこのサイクルの繰り返しです。

## 01 | フォロワーが増える状態を作りだす

　見出しには「フォロワーを増やすため」と書きましたが、厳密に言えばこの表現は正しくありません。なぜならば、**フォロワーの増減は他人であるユーザーの操作に委ねられているため、自分自身ではコントロールできないからです**。フォロワーは、正確には増やすものではなく、増えるものです。では、どうすればアカウントにフォロワーが増える状態をつくれるのでしょうか。大事なのは以下の2点です。

- アカウントの有益性が伝わるように整える
- 高頻度かつ継続的に発信を続ける

　これはそれぞれ、同ジャンルの別アカウント（ある種の競合）と比較して、質で勝る（よりわかりやすい）もしくは、数で勝る（よりコンテンツの更新頻度が高い）のいずれかまたは両方で優位性をつくるためです。

また、この理想的な状態をPDCAサイクルに置き換えてイメージすると以下の図のような形になります。このように、基本はひたすら「Do」を行いユーザーのリアクションを見ながらアカウントを運用していき、その口で有益性が伝わるように整えていくことがフォロワー増加のための近道です。

・フォロワーが増える状態を生み出すPDCAサイクル

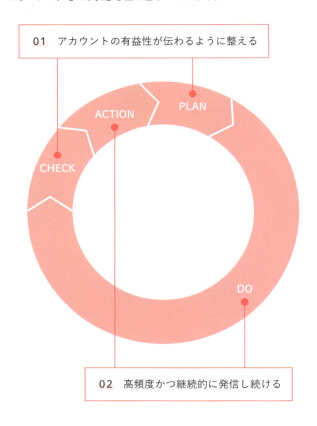

01　アカウントの有益性が伝わるように整える

02　高頻度かつ継続的に発信し続ける

## 02 | アカウントの有益性が伝わるように整える

　ユーザー目線で「このアカウントは何なのか、フォローすると私にとってどんなメリットがあるのか」ができるだけ明快かつ短時間で伝わるように最適化していくことが基本方針のひとつです。アカウントのプロフィール文、投稿のテキスト、クリエイティブのデザインなど、全てを「よりわかりやすく、より伝わりやすい」ように整えていきます。

　きっと皆さんは、SNSを通じて何かしらの商材（有形・無形とわず）を発信しようと思っているはずです。そして多くの場合、その商材を「良い」と感じている部分があることでしょう。しかし、**いかに素晴らしい商材であっても、ただ発信するだけでは、SNS上での認知や好意形成にはつながりづらいものです。**商材について発信する際には、その先にある受け手に「有益さが伝わること」を最初のゴールとして意識し、アカウントを設計していきましょう。

## 03 | 高頻度かつ継続的に発信を続ける

　まずは半年の間、週5回以上のコンテンツ発信を行うことを目指しましょう。単純ですが難しいのが、この投稿頻度と継続です。筋トレも英会話もSNSも、ただ単純に継続することが本当に難しいものです。しかし逆を言えば、誰にとっても難しいことだからこそ、達成した結果として得られる10,000フォロワーに価値があります。

ここでは仮に週5回以上と設定していますが、自分自身のアカウントでコミュニケーションしていこうと思っている業種/業界の競合アカウントよりも投稿頻度が高くなるように設定することが大切です。投稿頻度が高い、すなわち**コンテンツが競合アカウントよりもたくさん発信されることは、どのアカウントでも比較的容易に得られる優位性となります。**

　特に、方向性を模索している運用初期は、投稿頻度が高いことでユーザーとの接触機会を増やすことができます。**100点満点のコンテンツを時々出すより、60〜70点のコンテンツを頻繁に出すことを目標に運用していきましょう。**

● 運用初期は投稿頻度を重視する

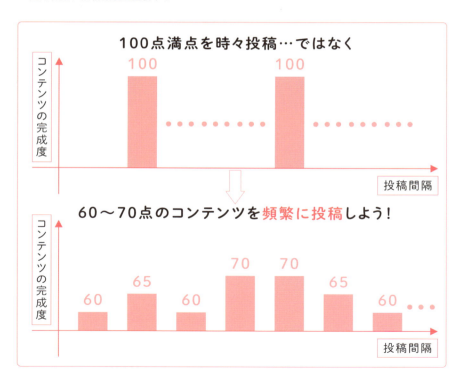

# 有益性の設定で運用を成功させる

Section2ではアカウントの有益性が伝わるように整えることが重要だと述べました。ここではその有益性について詳しく掘り下げていきます。

## 01 | 戦略的に有益性を設定する

仮にSNS運用に成功しているアカウントを「フォロワー数が多い、定常的に高い反応を得ているようなアカウント」と設定すると、これらのアカウントはフォロワーの期待に応え続けているという共通点があげられます。

フォロワーの期待とは、「このアカウントをフォローしたら、こんなコンテンツが今後も見られるだろう」という見込みのことです。すなわち**フォロワーにアカウントの有益性がしっかりと伝わっている状態であると言えます。** したがって、まずは本来発信したい商材と相性が良い有益性を設定してSNSを運用することが成功につながると言えるでしょう。

● フォロワーの期待に応える有益性の設定

期待に応えられる有益性を考えてみよう！

例えば・・・

**参考になる情報を発信している**
→最新のAIの活用法など

**コンテンツを見ているだけで笑える/癒やされる**
→動物とのふれあいなど

**アカウントとのコミュニケーションが楽しい**
→積極的な返信やトレンドへ参加する投稿など

このように有益性にはさまざまな切り口があります。単にフォロワー数を増やすためだけであれば、この有益性の設定は何でも構いませんが、**定常的に高い反応を得るためには、あなたが発信したいコンテンツに有益性を感じてくれるフォロワーを集めることが重要です。**

## 02 ｜ 本来とは異なる有益性の設定を避ける

　SNS運用でよくあるお悩みのひとつに「プレゼントキャンペーンでフォロワーを大量に集めたはいいが、その後の投稿で反応が獲得できない」という現象があります。これは、アカウントをフォローしたユーザーにとっての有益性が「プレゼント（商材や金券など）をもらえること」という見込みになってしまっているためです。

　確かにプレゼントキャンペーンは短期間で多くのユーザーにフォローしてもらうために有効な手段のひとつです。しかし、本来発信しようと思っているコンテンツの有益性と連動しないプレゼントでフォロワーを集めた場合、コンテンツへ興味のないユーザーに興味を持ってもらうための全く別な運用が必要になり、かえってコストがかかってしまう（もしくはコストをかけても実現できない）場合もあります。

　あくまで**定常的な発信から有益性を感じてもらえるようにすることが重要です。**そしてそのようなユーザーにフォローしてもらうことを主眼に置き、プレゼントキャンペーンや広告配信は補助的につかう前提で運用を行うのが良いでしょう。

**TIPS　お金をかけなければフォロワーは増えないの？**

　無料でも増えますが、お金を使うことによって短期間で増えるケースもあります。この本では基本的に「無料」で使える機能や仕様をつかって、フォロワーが増えるための取り組みを解説します。

　一方で、「有料」機能である広告配信や、プレゼントキャンペーンも並行して実施することで、短期間でフォロワー増加を狙うのも一つの有効な策です。ただしその際には、自身のアカウントや取り扱うコンテンツに興味があるユーザーにフォローしてもらえるように、ターゲット設定やインセンティブ選びに注意しましょう。そして、SNS運用で大切なことはフォローしてもらった後の「ユーザーとのコミュニケーション」です。有料機能や企画を行う場合も、この本に書かれている「伝わる」を意識して運用に取り組んでください。

# 高頻度の投稿で
# 運用を成功させる

続いてはSection2で紹介した2つ目のポイントである高頻度かつ継続的に発信を続けることで得られる2つの効果について解説していきます。

## 01 | ユーザーからのフィードバック機会を増やす

　投稿頻度を高く保つとユーザーとの接触機会が増え、コンテンツに反応（フィードバック）をもらえる機会が得られます。なお、ここで取り扱う反応には無反応（反応がない）も含みます。自分では良いと思ったコンテンツで思うような反応を得られなかったり、逆にそうでもないと思っていた投稿に反応が多い…など、投稿前の想定と違う結果が得られたら儲けものです。

　**ユーザーにコンテンツを届けてその反応を見て、徐々に自分とユーザーとの価値観の違いを補正していくことでユーザーが求めているコンテンツの解像度を高めていきます。** 投稿頻度を高く保つと自然とそのサイクルも速くなり、必然的により早く補正を行うことができます。

**自社にとっては「当たり前でも」**

投稿頻度を高く保つと直面する問題が「投稿のネタぎれ」です。そんなときは、いまさら発信するまでもないような「当たり前」の情報を扱うコンテンツも織り交ぜて発信してみましょう。自社にとっては当然の事実であっても、ユーザー目線で「意外！」「知らなかった！」といったリアクションを集めて高反応を得たコンテンツも数多く存在します。もちろん予想通り反応を集めないこともありますが、まずは発信して反応を見てみましょう。

## 02 ユーザーへのイメージ（印象）を作る

また、SNSは「ソーシャル・ネットワーキング・サービス」の略称ですから、どのプラットフォームであっても目的は利用者間の交流を支援することです。そのため、月に1度の投稿でしか交流しない人よりも、週何度も顔を合わせている方がアカウントそのものや発信内容のことを認知してもらい、その有益さを印象づけられる可能性が上がります。

 **単純接触効果（ザイオンス効果）を利用する**

単純接触効果とは、何かに繰り返し接触することで、そのものに対する好感度が自然と高まる心理現象を指します。SNSの投稿頻度に関連してこの効果を考えると、適度に頻繁に投稿することで、フォロワーのブランドやコンテンツへの好感度を高めることにつながる可能性があります。

# 複数SNSの運用で生まれる3つの相乗効果

利用するSNSをX・Instagram・TikTokのどれかにひとつに絞るのではなく、複数を同時に運用することで得られる3つのメリットについて確認しておきましょう。

## 01 | SNSの使い分けで効果を最大化する

各SNSには得意な分野があります。例えば、情報拡散が目的ならリポスト機能があるX(Twitter)、ビジュアルでブランドイメージを築きたいならInstagram、有料コンテンツの販売やコミュニティ形成が目的ならnoteが適しています。このように、目的に応じて最適なSNSを選ぶことで、取り組みの効果を最大化できます。

## 02 | 狙ったターゲットにアプローチする

また、各SNSにはそのサービスの特徴に応じた年齢層や、ユーザー層の違いが存在します。1つは若年層に対してTikTokやInstagram、中高年層にはFacebookやYouTubeなど、デモグラフィックに基づいた使い分けがあります。加えて、カジュアルな文体が好きなXユーザーや、ビジュアルを重視するInstagramユーザーなど**投稿するコンテンツに対して想定されるユーザーの好みに合わせてSNSを選ぶことで、より狙った層に効果的にアプローチする**ことができます。

## 03 | 新規のフォロワーを獲得できる

　さらに各SNSが異なるユーザー層や利用目的を持っているため、複数のSNSでそれぞれに合った形式で情報を発信することで、新しいフォロワーを獲得するチャンスが広がります。例えば、TikTokのレコメンドシステムを活用することで、フォロワー以外のユーザーにも投稿を見てもらいやすくなります。

　また、**各SNSはいち民間企業が運営・提供しているサービスであり、栄枯盛衰や買収等に起因するユーザー層の変化、場合によっては突然サービスが終了することなどもあり得ます。**日常的に不具合も発生するものなので、ユーザーとの接点を維持する目的でも複数SNSを同時に運用することが有効です。

# SNSごとの特徴を理解する

この本で解説するX・Instagram・TikTokを含め、国内外で利用されている主要なSNSのユーザー数や特徴を比較し、その理解を深めましょう。

## 01 | 主なSNSの特徴を比較する

　SNSはプラットフォームによって、機能やコミュニケーション方法に特徴をもっており、それに伴ってユーザー層も異なります。ここでは、2024年8月時点での日本国内で国内月間アクティブユーザー数の多いSNSの概要をご紹介します。

| SNS | 国内アクティブユーザー（単位：万以上） | ユーザー層の特徴 | サービス/機能の特徴 |
| --- | --- | --- | --- |
| LINE | 9,700 | 全国各地に分布<br>幅広い年齢層 | ・1to1コミュニケーションに適している<br>・LINE APIを使いキャンペーンと連携<br>・スタンプ、ショップカードなど独自機能 |
| YouTube | 7,120 | 幅広い年齢層<br>約4割が45歳以上 | ・古い動画も検索して見てもらえる可能性<br>・縦型動画（YouTubeショート）も人気<br>・SEO（検索エンジン最適化）に強い |
| X（Twitter） | 6,650 | 20代が多い<br>平均年齢は37歳 | ・カジュアルな短文コミュニケーション<br>・タイムリーさが重要<br>・拡散力が強い（バズ、炎上） |
| Instagram | 6,600 | 10代20代が多い<br>女性が過半数 | ・画像/動画で訴求しやすい商材向き<br>・フィード/ストーリーズ/リールの使い分け<br>・クリエイター（インスタグラマー）の活用 |
| TikTok | 2,700 | 10代20代が多い | ・「おすすめ」で新たな潜在顧客へリーチ<br>・コメント欄は荒れることもあり注意 |
| Facebook | 2,600 | ビジネスユースの30代以上が中心 | ・実名登録でリアルなつながり重視<br>・フォーマル/オフィシャル/ビジネスでの活用 |

## 02 | LINEの特徴

　LINEはインフラ的に使われている、日本国内でユーザーが非常に多いプラットフォームです。メッセージツールとしての利用が多い一方で、LINE VOOMと呼ばれる機能などSNS的な側面も持っています。ショップカードや決済・ギフトなどアカウント連携で多目的に使える独自機能も特徴的です。

## 03 | YouTubeの特徴

　YouTubeは普及率・利用率の高い動画配信プラットフォームです。近年ではYouTubeショートと呼ばれる縦長・短尺のコンテンツフォーマットも活発に利用されています。一定以上の動画視聴回数に応じて広告収益を得ることができ、継続的な発信で収入を得て生活するYouTuberという職業が小学生が将来なりたい職業のランキング入りしたこともあります。

## 04 | X(旧Twitter)の特徴

　Xはタイムリーさ（リアルタイム性）が重視されるプラットフォームです。一般的に140文字という限られた文字数でのコミュニケーションが特徴で、快刀乱麻を断つ発言や、ウィットに富んだ発信が支持を集める（バズる）一方、端的すぎる物言いが誤解を産んで炎上（詳しくはChapter6を参照）と呼ばれる現象につながってしまうリスクもある点には注意が必要です。

## 05 | Instagramの特徴

　Instagramは投稿に写真や動画を必須とする、ビジュアルが重視されるプラットフォームです。日本では2017年には「インスタ映え」が流行語大賞を獲得し、若年層(特に女性)の華美な発信がその中心地でしたが、現在ではユーザー層の男女比もほぼ同数に広がり、幅広い用途で利用されている媒体です。

## 06 | TikTokの特徴

　TikTokは縦長・短尺の動画フォーマットが中心の動画/写真配信プラットフォームです。若年層を中心に支持を集めて急速に利用者数を拡大しています。フォロワー数と拡散力のつながりが他SNSと比較すると小さく、フォロワーが少ないユーザーでも、「おすすめ」経由で多くのユーザーにコンテンツを届けられる可能性があります。

## 07 | Facebookの特徴

　Facebookはひとりにつき所有できるアカウントが1つ、なおかつ実名登録制であるため、比較的リアルなつながりを重視している(ソーシャルグラフ)プラットフォームです。フォーマル/ビジネス的なトーンで利用されることが多い媒体であるため、複数SNSを同時に運用している企業では、同じテーマの発信でもX/Instagramはカジュアルな口調・Facebookでは敬語というように使い分けて見せ方を変えていることもあります。

## 08 | 変化を続けるSNS

　この他にも、ビジネスユースに特化したLinkedInや、画像収集・共有に強みをもつPinterestなどさまざまなサービスが日々利用されています。ただ、**多くのサービスが生まれる一方で、廃れる、あるいは終了していくサービスも少なくありません。**また、ここで掲載されているユーザー数や特徴なども時間の経過によって変化していくため、読者の皆さんは都度最新情報を確認するようにしてください。

# SNS総フォロワー数1万人を目指すためのロードマップ

ここからはフォロワー数の増加を1000フォロワーを境に2つのシーズンに分け、それぞれのロードマップに沿って実際に運用を始めましょう。

## 01 | SNS運用のロードマップを確認する

　ここからは実際にアカウントを運用していく上で目指すべきロードマップを提示して解説していきます。フォロワー数によって大きく2つのシーズンに分けて考えましょう。

● フォロワー数別で見る運用ロードマップ

| | シーズン1：フォロワー0〜1,000 | シーズン2：フォロワー1,001〜 |
|---|---|---|
| テーマ | コミュニティと仲良くなる | マス向けに発信する |
| 概要 | 発信しようと思っているジャンルで「〇〇をやっているアカウント」という認知を得る | 発信しているジャンル外の人（マス）にも良さがわかるコンテンツをたくさん出す |
| やること | ●高頻度でコンテンツを出す(数を重視)＋質向上<br>●同じコミュニティのアカウントをフォロー<br>●他のアカウントのコンテンツへ感想コメント＋いいね/リポスト<br>●コミュニティのモーメント/イベントには乗る | ●シーズン1を踏まえ、反応してもらえるコンテンツに寄せる（質重視）＋バズを狙う<br>●企画系/ユーザー参加系ハッシュタグを積極的に活用して露出を増やす<br>●反応が取れたコンテンツをアレンジして再掲載 |
| やらないこと | ●ネガティブ発信や公序良俗に反する発信<br>●フォロー過多（50：50くらいを目安に）<br>●ユーザーコメントのスルー（ポジティブな内容でもネガティブな内容でも反応はする） | ●ネガティブ発信や公序良俗に反する発信<br>●コミュニティ付き合いの放置（初期の縁を大切に）<br>●内輪コンテンツ過多（50：50未満に押さえる） |

## 02 | シーズン1（0〜1,000フォロワー）：コミュニティと仲良くなる

既に一般認知のある/人気の高い商材・サービスを持っている場合、アカウントを開設しただけでも一定数のフォローが望めます。しかし、多くの場合はそうではありません。まずは、**自身のアカウントで発信しようと思っているジャンル内で、「○○（テーマやコンセプト）をやっている人」という認知を得られるように運用していきます。**界隈のアカウントと仲良くなり、コミュニティ内でも楽しまれるコンテンツを発信していきましょう。

また、自分が「良い！」と思った他のユーザーのコンテンツには、コメントをしたり、リポストやシェアしたりすることも積極的に行いましょう！この時期のコンテンツは「数＞質」を重視します。

忘れてはいけないのはアカウントの向こう側にいるのも人ということです。**コミュニティの人々と仲間になり、自分からさまざまなアカウントや取り組みを応援していけば、周りのみんなもあなたのアカウントを応援したくなるものです。**応援してもらうために応援する……というと打算的に聞こえますが、あなたのアカウントにアクティブに反応してくれる「密度の高いご縁」をつくるための一歩は、コミュニティの仲間であることが多いです。また、ここでできたご縁はフォロワー規模が大きくなってからもずっと続くご縁になるので大切にしていきましょう。

## 03 | シーズン2（1,001〜）：マス向けに発信する

シーズン1での取り組みを維持しつつ、より積極的に運用の整理に取り組んでいきます。まずは**シーズン1で発信したコンテンツを振り返り、反応がとれるコンテンツに寄せていきましょう。**この時期のコンテンツは「数＜質」を重視に切り替えます。また、拡散を狙ってジャンル外にも届くよう、ハッシュタグなども積極的に活用していけると効果的です。

ここで忘れてはいけないのがアカウントのコンセプトです。反応がとれるようになると「反応をとること」に興味が向いてしまい、コンセプトから外れたコンテンツを量産してしまうことで、結果的に「何のアカウントかわからない」状態に陥り、徐々に衰退していくアカウントは数多く存在します。

　また、頻繁にやりとりしていたコミュニティのユーザーをないがしろにしてしまう……なんてことも起こります。当初どんなコンセプトや目的でアカウントをスタートしたのか、あなたのアカウントを最初に盛り上げてくれたのは誰かを忘れずに、**より多くのユーザーを巻き込めるコンテンツをバランスよく考えていきましょう。**

 **TIPS　フォロワー1万人って誰でも達成できる？**

　フォロワー1万人達成に、運用スタート時点で天賦の才や実績、特別な環境は必要ありません。もちろんそれらがあれば、目標は達成しやすくなります。しかし、現時点で秀でた何かがなかったとしても、SNSでは「成長していく過程」自体がコンテンツになります。自分が取り組みたいと思っている分野で努力している様子を発信しながら、アカウントともに成長していくといった事例も多く存在します。

　取り扱うジャンルや商材、そもそもSNSにターゲット層がいるのか、などの条件によって難易度は変わりますが、トライ&エラーを繰り返していくことで、多くの場合フォロワー1万人は達成可能です。一番大変なのは「結果が出るかわからない中で継続をしていくこと」ですが、継続し続けることが結果の大前提であるため、まずは根気よく頑張りましょう。

## 04 | ポイントを押さえて運用準備を始めよう

　ここまでは、SNSマーケティングが必要とされている背景や総フォロワー1万達成に向けたロードマップなど、目標達成に向けた予備知識を解説しました。ビジネスパーソンの方は多くの場合、社内でSNSマーケティングの必要性を説明する機会も発生します。Chapter01にはそのために必要な情報や解説も含めていますが、純粋に「総フォロワー1万人」達成のために必要な情報としては…

- **本質はコミュニケーションなので「伝わる」ための工夫が必要**
- **まずは1000フォロワーを目指す**
- **継続は力なり**

　ひとまずこの3点を覚えておいていただければ大丈夫です。ここからはより具体的に、目標達成に向けた準備の進め方を解説していきます。

　※なお、本書は特に記載がない限り、2024年10月の情報を元に作成されています。

**SNS運用は極力「専用端末」で行う**

　これから実際にSNSアカウントの作成・設定に進みますが、その際、SNS運用を行う「専用端末」を用意して操作することを強く推奨します。

　企業・団体のSNS運用で発生する炎上でよくあるパターンが、個人のアカウントで発信しようと思っていた投稿を誤って企業のアカウントで発信してしまうという「アカウントの切り替えミス」に起因するものです。また、発信内容が公序良俗に反するものであれば、なおさら企業にとっての信用問題にかかわります。

　これを防ぐために、ひとつの端末に企業アカウントと私用アカウントが共存する状態をつくらないことが重要です。原則、企業アカウントは社用の専用端末のみで操作する、やむを得ず別の端末を利用する場合にも常時ログイン状態は避け、ログアウトを徹底するなど、切り替えミスを未然に防ぐ対策を行いましょう。

Chapter
02

# SNSアカウントの
# コンセプトを設計する

ユーザーとつながるためには、このアカウントがなんのアカウントなのか、なにが有益なのかが伝わることが大切です。段階を追って、一貫性のあるコンセプトを一緒に考えていきましょう。

# SNS運用を始める前に決めるべき3つのこと

SNS運用を始めるにあたっては、まず伝わることを前提に、伝える内容を項目にわけて具体化していきます。商品・サービスや企業の強みを活かしたコンセプトに仕上げていきましょう。

## 01 | 「なにを」「どのように」伝えたいかを整理しよう

まずは運用するSNSで「なにを」「どのように」伝えたいかを整理しましょう。この部分はポジション戦略に相当します。あなたのアカウントがどういう存在であるのかをユーザーが認識できるように、ユニークな（特有の）設定を考えましょう。**基本的にアカウントの提供価値はこの「なにを」と「どのように」の組みあわせで決まります。**

- 「なにを」
→情報自体の価値
- 「どのように」
→発信者が与える付加価値

また、既に競合他社・サービスのアカウントがある場合は、ポジションが重複しないように事前にこの2つの部分をどう設定しているのかを認識しておくことが重要です。

## 02 | SNSで「なにを」伝えるか設定しよう

　SNSを通じてユーザーに伝えたい内容となる「なにを」を定める上では、元々あなたが発信したいと思っている情報がなにかを明確にしてください。例えば、商材を中心として以下のような内容が考えられます。

- 商材の詳細
- 商材を理解する上での基礎知識
- 商材に関するニュース

　この際、「なにを」にあたる部分はモノやコト、ジャンルやカテゴリなど何でも良いですが、できるだけ1つに絞って固定することが重要です。「なにを」の部分を定数として固定することで、後々のアカウント運用中の分析を「どのように」の部分にのみ焦点を当てて考えることができます。

　さらにこの「なにを」の部分が既にあなたのアカウントにしか提供できないユニークな情報であれば、それ自体が価値になる場合もあります。ただし多くの場合、「なにを」だけで価値を生み出すのはそう簡単ではありません。したがって次に解説する「どのように」の設定が重要になります。


## 03 | SNSで「どのように」伝えるか設定しよう

　続いて「どのように」伝えるかを定める上では、発信する上であなたのアカウントが与えられる付加価値を明確にしてください。例えば、次のような付加価値が考えられます。

- ●どこよりも速く
- ●わかりやすく噛み砕いて
- ●要点だけまとめて

　このように前述の「なにを」がもともとユニークなコンテンツである場合を除くと、**「どのように」にあたる部分があなたのアカウントたらしめる個性や強みになります。**できれば他の人に真似できない、独自の付加価値を提供できるとより効果的です。

　「どのように」を設定する上で分かりやすい例として、YouTubeなどで人気の切り抜き動画を取り扱うアカウントの差別化について考えてみましょう。ここでポイントとなるのは、切り抜き動画を取り扱う場合、「なにを」に該当する動画素材は全ての人に提供されています。そのため、多くのアカウントが「どのように」で差別化しようとそれぞれ工夫しているという点です。**アカウントが取り扱う「なにを」が誰もが発信できる内容であればあるほど、「どのように」の工夫が重要になってきます。**

- 切り抜き動画を例に見る差別化の工夫

> 差別化の方法を考えてみよう！

例えば・・・

**切り抜き動画（「どのように」で差別化している例）**

なにを ➡ ○○という人物 / 番組 / キャラクターの発言を
どのように ➡ ①面白いシーンだけ抜き出して発信
　　　　　　②字幕 / アニメーションをつけて発信
　　　　　　③配信終了から短時間で発信、など

**コンセプトは他アカウントの二番煎じでもいいの?**

既存のコンセプトが似たアカウントとまったく同じ内容で発信していたら後発な分下位互換になってしまいますが、自分なりに「こういう情報があったらな…」、「こういう見方をしたいな…」、「もっと高い更新頻度で見たいな…」など「どのように」の部分にあなたなりの観点を盛り込んで運用していけば、「なにを」が被ることは気にしなくてもいいでしょう。

## 04 SNSで「誰に」伝えたいかを整理しよう

最後に、このあなたのSNSアカウントは誰に向けた発信なのかもできるだけ明確にイメージしておきましょう。設計のポイントはいくつかありますが、ズレがないのであれば「親しい誰か」など、**体感的にその人のニーズやリアクションが想定できる人物像を設定することをおすすめします。**それ以外の別の人物で設定する場合は、その人のひととなりや価値観、行動パターンを理解できる情報をまとめておきましょう。

● 誰に伝えたいのかを考えるポイント

伝えたい相手の人について考えてみよう!

**基本情報**
・年齢、性別、職業、居住地、家族構成など

**ストーリー**
・その人物のエピソードや、興味関心など

**行動パターン**
・平日/休日の過ごし方、よく行く場所など

# SNSで伝わった結果を想定しておこう

ここまでに決めた「なにを」、「どのように」、そして「だれに」の設定をもとに投稿後のリアクションを想定してみましょう。この想定と実際の反応のギャップを正確に認知することがSNS運用の鍵です。

## 01 | 伝わった結果どうなって/感じてほしいかを考えよう

Section 1 では「なにを」、「どのように」、「だれに」の設定を決めました。この時点で8割準備はできていると言えますが、今度は「SNSの投稿を通じて伝えた結果、「どういうリアクションがあるか」」を想定しておきましょう。**今の時点で想定するリアクションは「正しいかどうか」を考慮する必要はありません。**あくまで、ここで「事前の想定」があることが非常に重要になります。

● **ユーザーからのフィードバックを想定する**

投稿への反応を考えてみよう!

全ての反応がフィードバック!

例えば・・・
- 「面白い」とコメントがつく
- 「みんなも見てほしい」と引用ポストされる
- 後で見返せるように「保存」が多くなる、など

実際に投稿する前に事前のイメージ（原点）があることで初めて、実際に伝えた後のリアクションを確認して、自分とユーザーとの感覚の違いを認識できるようになります。**この違いを比較して分析しながら徐々にアカウントとユーザー間の価値観をすり合わせていくことがSNS運用の基本になります。**

 **TIPS　ユーザーのリアクションを具体的に考える**

　例えば、「面白い」と感じてもらうことを想定リアクションに設定したとします。ただし、「面白い」をひとつとっても以下のように様々な種類があります。

| 種類 | 面白いが持つ意味 | 事例 |
| --- | --- | --- |
| Funny | 滑稽さやおかしさに対する面白い | 漫才など |
| Excited | 興奮や熱狂、ワクワクの意味での面白い | スポーツ観戦など |
| Interesting | 気付きや発見からくる、知的好奇心を刺激する面白い | 地球誕生の秘密など |

　あなたがユーザーに伝えたい面白さはどんな面白さでしょうか？ここを具体的に定めることが「リアクション」を考えるコツとなります。

# アカウントのキャッチコピーを考えてみよう

ここまで考えてきた設定をアカウントのキャッチコピーにまとめてみましょう。アカウントの特徴がより明確になり、ブラッシュアップにつながります。

## 01 | アカウントの特徴を言語化する

　ここまでのまとめとして、このアカウントをフォローすると、なにが有益なのかがパッとわかる、「伝わる」キャッチコピーをできるだけ平易な言葉で考えてみましょう。言葉が短ければ短いほど、簡単であればあるほどGOODです。

　この際に意識することとしては、あなたのアカウントを見た人が他の人に紹介するときにキャッチコピーを引用して説明している場面をイメージするとわかりやすいでしょう。また、**このキャッチコピーそのものが、ユーザーがあなたのアカウントをフォローする動機となります。**

　ここで考えたキャッチコピーは、今後「アカウント名」や「プロフィール説明文」に反映していきます。数多くのアカウントがあるなかで、**たまたま見つけたあなたのアカウントが何なのかが一瞬で伝わる、いかしたコピーを考えてみましょう。**

- アカウントのキャッチコピーを考えるポイント

「伝わる」キャッチコピーを考えてみよう!

### 01 アカウントの条件を整理する

例えば・・・

**誰に** …自炊をしたことがない人向け

**なにを** …かんたん×短時間でつくれるおいしいレシピ情報

**どのように** …わかりやすく毎日紹介する

### 02 押し出し方でキャッチコピーを考える

例えば・・・

パターン1
**「なにをどのように」** を押しだす
➡ 早い・うまい・安い

パターン2
**「だれに伝えて」** を押しだす
➡ 自炊初心者向けかんたん 時短レシピ

パターン3
**「どうなってほしい / どう感じてほしい」** を押しだす
➡ タイパ[※2]向上 暇もつくれる神レシピ

*2: タイムパフォーマンスの略

# アカウントに最適なアイコンを考えよう

いよいよSNS運用の準備も大詰めです。ここではあなたが運用するSNSの顔としての役割を持つアイコンの役割について解説していきます。

## 01 | 相手に「伝わる」アイコンを設定しよう

　SNSにおけるアイコンは、いわば「顔」です。アカウント名やプロフィールが一緒であっても、頻繁に変わると同一アカウントと認識されづらく、印象を築くのが難しくなります。基本的には、初回の設定後はしばらく変更しない気持ちで考えましょう。

　アカウントの画像を選ぶ際には、**縮小されても相手に「なにが描かれているのか」が伝わることが重要です。**また、一般的にどのSNSもアップロードする画像は正方形の画像で作成する必要がある一方で、タイムライン上では正円にトリミングされて、四つ角が見えなくなることもあります。実際にどのように見えるかを確認して、象徴となる大切な要素は画像の縦横サイズを直径とする円に収まるように配置しましょう。

- アカウントのアイコンを考えるポイント

アイコンを考えてみよう!

### タイムライン上で表示されるのは正円部分のみ

例えば・・・

- 商材を象徴する人やモノを載せる
- 見せたい要素を一番大きく中央に載せる
- 文字要素はナシもしくは限りなく少なめ×大きめに配置する
- 複雑なデザインや背景を避ける

自社ロゴのみ

企業名

企業名＋キャラクター

企業名＋デザイン

**SNSのアイコンは視認性が重要!**

## 02 | アカウントを運用していく上で重要な考え方

　ここまではこの本の目標である「総フォロワー1万人」に向けた具体的な準備について解説してきました。しっかり準備はできましたか？

　この段階では戦略的なコンセプトの設計が大切ですが、その一方で最初のコンセプト設計をそのままで目標を達成できるケースは稀です。「なにを」という伝えたいことは変えずに、「どのように」という伝え方はユーザーのリアクションに合わせて柔軟に変えていきましょう。重要なのは、**狙いをもった行動の末に成功/失敗するという、振り返りによるトライ＆エラーができる準備を整えることです。**

　この後はいよいよ各SNSに焦点を当てて、具体的な運用方法や分析について解説していきます。

Chapter 03

# X（Twitter）を運用する

話題性と拡散性が高く、バズも炎上も起こりやすいX(Twitter)。目まぐるしく話題が移り変わるこのSNSで、ユーザーと継続的につながるために重要なポイントを解説していきます。

# X（Twitter）の概要を確認しよう

まずは1つ目のSNSとしてXについて解説を行います。あらかじめXの特徴と注意点を理解しておきましょう。

## 01 | Xとは

　Xとは、140字以内の短文でコミュニケーションをするSNSとして生まれた「Twitter」の現在の名称です。もともとはTwitter社として上場していましたが、実業家のイーロン・マスク氏が買収。2023年4月に社名を「X」に変更し、7月24日にサービス名称を「X」へと変更しました。今後は、「多様なコンテンツの投稿や金融取引を含む包括的な機能を持ったアプリになる」ことが発表されています。

Xの特徴は「今、起きていること」をすぐにキャッチして活用できる、リアルタイム性と拡散性です。一方で、リアルタイム性と拡散性は短所にもなる場合があり、炎上が発生しやすい場でもあります。

X(Twitter)で炎上事案が多く発生する理由としては、以下の3つが考えられます。

- 短文のコミュニケーション（基本は140字）によって投稿の真意がうまく伝わらない場合があること
- 匿名のユーザーが多いこと
- 拡散性が非常に高いこと

運用の際は、誤解を生まない表現や発信を心がけましょう。

## Section 2 Xのアカウントの準備をしよう

ここにアカウントの開設方法やプロフィール情報を設定する際のポイント、Xの機能をまとめています。基本を押さえて効果的な運用ができるようにしておきましょう。

## 01 | Xのアカウント作成のポイント

　それでは早速Xのアカウントを作成しましょう。ポイントとしてはSection2で設定したように、**プロフィールはできるだけ充実させて、「あなたがどんなアカウントで、何を発信しているのか」を伝えることを意識することです。**また、Xならでは機能や効果を知ることで、アカウントで伝えたいことをより適切に表現できる発信方法を考えてみましょう。

## 02 | 新規アカウントを作成する

　まずはXのアカウントを新規開設しましょう。X公式のヘルプページ[3]で、アカウントの作り方について最新の情報がまとめられています。

　ビジネス利用の場合、Proアカウント[4]でのアカウント作成がおすすめです。Proアカウントと個人アカウントの切り替えは無料でできるため、現在個人アカウントの方も必要に応じて変更しましょう。

　Proアカウントへの変更方法は、アカウントを作成した後で、(https://twitter.com/i/flow/convert_to_professional)にアクセスして手順に従って変更します。

---

[3] 出所: Xヘルプセンター | Xへの登録
https://help.x.com/ja/using-x/create-x-account
[4] 出所: Proアカウント | Xビジネス
https://business.x.com/ja/help/account-setup/professional-accounts.html

# 03 | プロフィールを設定する

　アカウントが開設できたら、次はプロフィールを設定していきます。それぞれの注意点を守りながらできるだけどのようなアカウントなのかがユーザーに伝わる情報を載せられるようにしましょう。

**❶ アイコン画像**
推奨サイズ：400 × 400pixel
形式：JPEG, GIF, PNG
円形にトリミングされるため、被写体や文字のレイアウトに注意。

**❷ ヘッダー画像**
推奨サイズ：1,500 × 500pixel
形式：JPEG, GIF, PNG
閲覧環境によって表示領域が変わるため、絶対見せたいものは中央に配置する。

**❸ アカウント名**
最大50文字。社名等わかりやすい名前を記載する。後で変更することも可能。例：○○株式会社＋（前項で決めたキャッチコピー）など

**❹ アカウントID**
最大15文字まで設定できるが、他ユーザーとの重複は不可。アカウントのURLにも反映されるため、原則変更しないことを想定して設定する。よくある例としては、（企業名）、（企業名）_official、（企業名）_JP、など。

**❺ 紹介文**
最大160文字で、なにをしている企業/団体/人物なのか、どんなコンテンツを発信しているのか、が伝わるような内容にまとめる。公式ハッシュタグなどがあれば、記載しておく。

### ❾ ロケーションスポットライト
┗ URL
店舗のウェブサイトがある場合などはこちらに設定する。

┗ ビジネスの所在地
住所と小さい地図を表示できる。ここをタップすると使用している端末の地図アプリが立ち上がる。

┗ 営業時間
曜日と時間帯を設定できる（設定は任意）。

┗ お問い合わせ方法
[ お問い合わせ ] ボタンを表示できる。設定できる連絡先は、電話 / テキストメッセージ / ダイレクトメッセージ / メールです。

### ❻ Pro カテゴリ
業種に当たるカテゴリ分け。

### ❼ 所在地
企業の所在地がある場合はここで表示。（設定は任意）。所在地以外の情報を記載することも可能。

### ❽ URL
企業 / 団体 / 人物の公式 Web サイトなどを表示。

# Xの投稿を作成しよう

Xの投稿は基本的にテキストが中心ですが、クリエイティブや様々な機能を有効に使うことでより効率的にユーザーとのコミュニケーションを行うことができます。

## 01 | テキスト投稿

テキスト投稿は最もシンプルな文字のみの投稿です。他の投稿形式でも共通する仕様として、Xで投稿可能な文字数の上限は全角で140文字です。なお、URLは長さを問わず11.5文字分、改行は0.5文字分に換算されます。

クリエイティブがない投稿はもちろんのこと、速報性の高い情報や、X的な文脈を理解している場合は、「気の利いた」一言などはこの形を利用します。テキストのみであるため、クリエイティブがある投稿と比較して、タイムラインで埋もれやすいことには注意が必要です。

## 02 | リンク投稿

リンク投稿は、テキスト中にURLが含まれており、なおかつ画像や動画が投稿に含まれていない場合に使うことができます。この時、テキスト中のURLで遷移する先のページで設定されたOGP画像が自動的に投稿に表示されます。リンク部分が最大サイズで表示されるため、クリック率の向上が見込めます（なお、投稿中に複数のURLが含まれる場合は、文中の一番最後に記載されたURLが反映されます）。

**リンク投稿は、投稿から自社ウェブサイトやイベントページなどに誘導したい場合などに効果的です。**ただし、任意のOGP画像を表示するためには、ウェブサイト側の設定が必要な点には注意が必要です。

遷移先のページの OGP 画像が表示される

## 03 | 静止画投稿

静止画を投稿する場合は最大4つのクリエイティブを添付して投稿を行うことができます。この時、動画と静止画を組み合わせて投稿することはできません。複数枚の画像を添付した際に、エンゲージメント数の増加が期待できます。

この形式は汎用性が高いため、どんなケースでも使うことができます。また、**エンゲージメントも獲得しやすいため、原則この投稿形式を使うことをおすすめします。**

## 04 | 動画/GIFアニメーション投稿

動画やGIFアニメーションを添付する場合は、静止画とは異なり1本のみに限られます（2024年10月時点で、iOSのアプリ経由での投稿のみ、動画の複数投稿、および静止画と組み合わせての投稿が可能）。

How toを解説する投稿など、静止画では伝えづらい工程があるものや、動きを伝えたい場合などに利用します。

## 05 | 投票投稿

投票投稿は最大4つの選択肢を設定して、ユーザーに投票してもらうことができます。この時、基本的にクリエイティブとの併用ができないため注意が必要です。

投票投稿を利用するには、選択肢と投票可能時間を設定します。選択肢は最大4つまで設定することができ、選択肢の文字数は最大25文字で表示される環境によって後半が省略されます。また、投票可能時間は5分間〜7日間の範囲で、X時間単位で設定が可能です。ユーザーアンケートなどに利用することができます。

# 06 | 投稿に対するリアクション機能を使おう

　Xは自身で投稿するだけでなく、自分以外のユーザーの投稿を利用する機能があります。利用したい投稿を開くと以下のように表示されます。

**❶ リプライ**
特定の投稿に対して、コメントを追加する機能。他アカウントの投稿への具体的な反応、感想を伝える場合などに利用。

**└スレッド**
自身の投稿にリプライをする機能。この方法を利用して141文字以上／クリエイティブ5枚以上の情報の追加や、情報のレイヤー分けを行う。

**❺ 共有**
特定の投稿やアカウントを、DMやメール、他のSNSなどで送信できる機能。特定の投稿を直接LINEの友達へ送るなど、X上で拡散をせずに共有する場合に利用。

**❹ ブックマーク**
特定の投稿を、「ブックマーク」内に保存できる機能。気に入った投稿や後から見返したい投稿の保存に利用。

**❸ いいね**
特定の投稿への好意的な気持ちや支持を伝える機能。投稿したユーザーへ気軽に感想や意思を伝える。
●注意点：「いいね」自体が支持とみなされるケースがあり、誹謗中傷など悪質な投稿へいいねを行った場合、炎上のきっかけや極端なケースでは不法行為として刑事責任を問われる場合があるため、いいねする場合も注意が必要。

**❷ リポスト**
特定の投稿を自身のアカウントのタイムラインに掲載し、フォロワーや他ユーザーへ拡散する機能。自身の過去投稿の再掲載やフォロワーに見てもらいたい他ユーザー投稿の拡散などに利用。

**└引用リポスト**
自身のコメントつきで、特定の投稿を自身のタイムラインに掲載し、フォロワーや他ユーザーへ拡散する機能。リポスト元の投稿に、追加情報を加えて再掲載したい場合などに利用。

※リポストとの使い分けとしては
・リポスト元の情報自体を見てもらいたい場合…リポスト
・リポスト元の投稿に対して追加情報を加えた上で見てもらいたい場合…引用リポスト

# 07 | 投稿の固定

　Xは自身のアカウントの投稿ひとつを、プロフィールページ投稿欄の一番上に常時表示できる「固定」という機能があります。設定後の投稿には「固定されたポスト」という表示がつきます。ここで固定する投稿は、アカウントに訪れたユーザーに、優先的に見せたいものを設定しておくと良いでしょう。

### 1
プロフィールに固定したい投稿を開いて、投稿右上の3点リーダーからメニューを開きます。

### 2
ポップアップされたメニューから「プロフィールに固定する」を選択します。

3点リーダーを押す

「プロフィールに固定する」を押す

### 3
投稿がプロフィールに固定されました。

「固定されたポスト」と表示されます

## 08 | DM(ダイレクトメッセージ)を活用しよう

　DMは特定のユーザー(単数／複数)と、他ユーザーからは見えない形で個別にやりとりできる機能です。利用ケースとしてはタイムライン上の不特定多数が閲覧できる状態ではなく、個別で話したい/伝えたい話題などで会話する際などに利用します。

---

 **Xプレミアムには入るべき?**

　Xプレミアム[*5]とは、Xがユーザー向けに提供している有料機能で、料金ごとにベーシック/プレミアム/Xプレミアムプラスの3つのプランに分かれており、それぞれのプランに応じてさまざまな追加機能を利用可能です。

| 追加機能の例 | 内容 |
| --- | --- |
| 認証マーク（青バッジ）の付与 | 有料プランに加入していることを示す認証マークが、アカウント名横に付与される。 |
| 長文投稿 | 141文字以上の長文を含む投稿ができる。 |
| 投稿後のテキスト編集 | 投稿後、1時間以内であればテキストを編集できる（編集履歴は残る）。 |
| 長尺動画の投稿 | 投稿できる動画の上限が、通常の140秒から3時間になる（ただしAndroid OSからは10分まで） |
| アナリティクス | アカウントの詳細なパフォーマンスを数値で分析できる。 |

　また、有料プランに登録かつ一定の条件を満たすと、「クリエイター収益化プログラム」に加入でき、自身のポストのリプライ欄に掲載された広告経由でのインプレッション数をもとに、広告費用の一部がアカウントに還元されます。(ただし、フォロワー1万人以下で黒字化（収益＞利用料）することは至難の業です)。ほかにも、「おすすめタブ」で優先表示されるなどいくつかメリットがあるため、利用したい機能があれば加入を検討してもよいでしょう。

---

[*5] 出所: Xプレミアムについて｜Xヘルプセンター
https://help.twitter.com/ja/using-x/x-premium

# Xの運用のポイントを押さえよう

Xの運用における3つのポイントを正しく把握し、それらを意識した投稿で戦略的な運用を目指しましょう。

## 01 | Xの運用で押さえておきたい3つのポイント

　Xの運用におけるポイントは大きく3つあります。さらに、これらは相互に作用するため、並行して日々のコンテンツへ組み込んでいくことが求められます。

1. **トレンドを押さえる**
2. **ユーザーコミュニケーションでコンテンツを完成させる**
3. **バズを狙う**

## 02 | トレンド（リアルタイム性）を押さえる

　XをXたらしめている特徴の1つがトレンド（リアルタイム性）です。Xでは今起こっていることや、流行っていることに関連するコンテンツを発信/閲覧しているユーザーも多いため、いかにその流れをとらえられるかが重要となります。**発信しているコンテンツが「なぜ今公開されたのか」が伝わる内容に仕上げましょう。** トレンドの例としては次のようなものがあります。

- 年中行事/○○の日など記念日
- 最新のニュースや出来事、人物について
- ミーム[*6]

　これらのトレンドをアカウントが取り扱う商材やサービスと絡めて情報発信ができると、アカウント規模が小さいうちでも、多くのユーザーに投稿が届く可能性があります。

　また、例年トレンドになる行事や記念日については、X社がXモーメントカレンダー[*7]としてまとめています。トレンドになることがわかっているタイミングの投稿は、前もって用意しておくのがよいでしょう。

| | |
|---|---|
| 例年トレンド入りする行事/記念日 | 元旦/元日（1/1）、成人の日（1月の第2月曜日）、バレンタインデー(2/14)、母の日（5月の第2日曜日）、父の日（6月の第3日曜日）、七夕（7/7）、ハロウィン（10/31）、クリスマス（12/24・12/25）、大晦日（12/31） |
| Xならではの記念日 | 猫の日（2/22）、エイプリルフール（4/1）、ロックの日（6/9）、いい推しの日（11/4）、いい夫婦の日（11/22）など |

---

＊6：ミーム（ネットミーム）とは、流行っている面白い表現や画像/動画、文化を指すスラングのこと。例えば2024年前半だと「猫ミーム」などが思い出されます。
＊7 出所: Xマーケティング | Xモーメントカレンダー
https://marketing.x.com/ja/collections/moment-calendar

トレンドを押さえた投稿では、自社の商材・サービスとトレンドの関連性や親和性がどれだけ高いかが反応に大きく影響します。こじつけにならないよう、活用するトレンドは慎重に吟味することが必要です。

　一方で、「年末/新年の挨拶」などの発信、期間限定で商材やサービスをクリスマス仕様にデコレーションしてみるなど、どのような商材でも絡めやすい一般的に盛り上がるトレンドなどもあります。そのため、**月間～四半期を通じて活用できそうなトレンドを事前にチェックしておくのがおすすめです。**また、他社が昨年どんな投稿していたのかを見てみるとアイデアが湧いてくるかもしれません。

 **TIPS　Xのハッシュタグは何個つければいい？**

　トレンドを取り入れた投稿を作成する際には、ハッシュタグ（#）を使うことでその話題を求めているユーザーにより発見されやすくなります。ハッシュタグを使う場合は、1～2個が最適です。発信内容に関連があるハッシュタグがトレンドに入っている場合に活用するのがおすすめですが、内容と直接関係がないハッシュタグを使っているとユーザー目線でのノイズになり悪印象であるため、最適なものが見つからない場合は無理につける必要はありません。

# 03 | ユーザーコミュニケーションでコンテンツを完成させる

　Xで狙っていきたいユーザーアクションは、リポストやいいねもありますが、公開されているアルゴリズムに基づくと、「リプライ（およびそれに対するリプライ）」を意図的に増やしていくことも効果的です。

　そのためには、**投稿内で自己完結せず、「ユーザーがコメントできる/コメントしたくなる余地」をつくっておくことが重要です**。相手に対して「この投稿は自分に向けて発信されていること」が明確に伝わる表現を使い、ある種のコール＆レスポンスのように、「この投稿をしたら、こんなコメントがくるだろう」という想定をもってコンテンツをつくってみましょう。

　例えば、猫の画像と共に「今日、超可愛い猫ちゃんを見つけました」という投稿をすると想定して、よりユーザーが反応しやすくなるための工夫を考えてみましょう。

● **コミュニケーションが生まれやすい投稿パターン**

今日、超可愛い猫ちゃんを見つけました

**一般的な投稿　ひとりごと型**
内容が投稿内で完結しており、閲覧したユーザーに「自分に向けられた発信」だと伝わりづらい

**問いかけ型**
今日見つけたこの猫ちゃん、超可愛くないですか？

**共有・要望型**
今日、超可愛い猫ちゃんを見つけたので皆さんにも見てほしいです

**暴走・ツッコミ待ち型**
あああああああああ猫ちゃんぎゃわいいいいいいいいいいいいいい

まず大前提として、この投稿はNGな例ではありません。ただ、コミュニケーションを生むという観点では、元のポストは独り言形式になっており内容が投稿内で完結しているため、閲覧したユーザーに「自分に向けられた発信」だと伝わりづらいです。以下のような、いくつかのパターンで改変してみましょう。

- 問いかけ型
- 共有・要望型
- 暴走・ツッコミ待ち型

　問いかけ型はユーザーへ問いかけることで、共感や感想を反応につなげる方法です。閲覧したユーザーは「超可愛くないですか？」と問いかけられることで、「可愛い！」といったコメントが返すことがイメージできます。

　共有・要望型はユーザーへ有益情報を共有することで、反応につなげる方法です。ここでは「見てほしいです」と、コンテンツの方向性が自分に向けられていることを認識できるため、反応する動機につながりやすくなります。

　暴走・ツッコミ待ち型はユーザーからのツッコミを誘い、反応につなげます。まさにXらしいコミュニケーションです。あふれる感情のあまり正気を失ってしまったことを演出し、思わずツッコミをいれたくなるような余地をつくります。いつもこの様子では心配ですが、通常はフォーマルなトーンで投稿している中でこういった変化球をいれることで「人間味」や「親しみやすさ」を感じてもらえるきっかけになる場合もあります。一方で弱点は反応がもらえなかった（滑った）ときに、自分自身にメンタルダメージが発生しますが、その時は独り言だったと考えて次の投稿へ気持ちを切り替えましょう。

いくつかの改変例を紹介しましたが、**本質的にはどのパターンもフォロワーさんとのコミュニケーションを目的としていることが重要です。**フォロワーさんが反応してくれそうな、喜んでくれそうな形で情報をシェアするというイメージで発信を行ってみましょう。

 **Xポストのスコアについて知っておこう**

　Xのアカウントにはスコアという投稿したコンテンツやコミュニケーションによって与えられる数値があります。この数値が高い状態ではよりユーザーに投稿が表示されやすくなります。

| コンテンツ評価のポイント | スコア | 「いいね」を基準にした倍率 |
|---|---|---|
| 自分の投稿に「いいねされる」 | +0.5 | - |
| 自分の投稿が「リツイート」される | +1 | +2倍 |
| 自分の投稿に「リプライされる」 | +13.5 | +27倍 |
| 自分の投稿から「プロフィール」を開き、他の投稿に「いいね」や「リプライ」される | +12 | +24倍 |
| 自分の投稿の動画を「50％以上再生」される | +0.005 | +0.01倍 |
| 自分の投稿へのリプライに対して「リプライ」する | +75 | +150倍 |
| 自分の投稿を開いて「いいね/リプライ」される | +11 | +22倍 |
| 自分の投稿を開いて「2分以上滞在」される | +10 | +20倍 |
| 自分の投稿に「ネガティブフィードバック（ミュート/ブロック）」される | -74 | -148倍 |
| 自分の投稿に対して「報告」される | -369 | -738倍 |

## 04 | 投稿でバズを狙う

　バズが起きやすいのもXの特長のひとつです。しかし、多くの場合においてバズが起こったとしても一過性であり、そのほとんどが投稿から数日も経てば別の話題に取って代わられています。したがって大事なのは単に「バズる」ことではなく「バズらせる」こと、つまり狙って継続的にバズを起こすことです。（もちろん必ずバズらせられる法則はないのですが…）

　ここで考えておきたいのはコンテンツの再現性の部分です。投稿が実際に「バズった/バズらなかった」そのこと自体はあくまで結果論に過ぎません。しかし、「この投稿はこのような狙いでつくってこうした結果、バズった」という**投稿への設計思想があれば、設計部分を別コンテンツで再現することによって再度バズを起こせる可能性が高まります**。

　一般にバズが起きやすい投稿では、以下のような共通の条件を満たしていることが多く確認できます。

- **多くの人にとって「コンテンツの魅力」が伝わりやすい**
- **大衆的に認知のある題材**
- **リポストしやすい（公序良俗に反していない、センシティブではない）**

　このように様々な要因から「バズる」可能性はありますが、バズを狙ったからといって、最初からうまくいくケースは少ないです。基本的に仮説をもって、日々のコンテンツでトライ＆エラーを繰り返していくことが重要です。次第に、**自分のアカウントで「反応が良いコンテンツの共通点」が見えてくるので、まずは投稿数を増やしてさまざまなコンテンツを試してみましょう**。

また、10,000フォロワー以下の規模で起こるバズでは、多くの場合リアクションしてくれるユーザーはフォロー外のアカウントです。この方たちに投稿が届くための**初期段階の拡散は、今のアカウントにいる熱量の高いフォロワーたちのリアクションがきっかけとなります。**日頃から良好な関係構築に努め、フォロワーをバズらせ、自身もバズれるような状態を目指していきましょう。

- Xへの投稿が「バズった」例

| バズの要因 | 投稿の内容 | 投稿の例 |
| --- | --- | --- |
| 圧倒的な技術や実力 | 偉大な記録を残すスポーツ選手や、素人目に見ても明らかに高度なテクニックなどを扱った投稿など。 | |
| 情報価値の高さ | 世間一般、もしくは専門分野において有益な情報をまとめた投稿。あるいは一般には理解が難しいコンテンツをわかりやすく噛み砕いて紹介する投稿など。 | |
| 才能の無駄遣い | 豊富な知識や卓越した技術、斬新なアイデアなどをつかって一見不必要な活動を扱った投稿など。 | |
| 共感/代弁/言語化 | あるあるネタや、表立っていえない考えや感情を扱った投稿。これまで言葉にできていなかった曖昧な感覚を言語化して共感を呼ぶ投稿など。 | |
| 動物やキャラクター（アニメ/マンガ含む） | かわいい犬や猫などのペットなど動物全般を扱った投稿。またはアニメやマンガに登場するキャラクターに関連するコンテンツを含んだ投稿など。 | |
| カオス | 意味不明、理解不能な表現や現象、出来事などを扱った投稿など。この内容は特にXならではの特徴。 | |

・出典元の投稿（上から順に）
① https://x.com/nagaeinsyoudou/status/1761524637530542496
② https://x.com/MPD_bousai/status/1513293668517814278
③ https://x.com/cupnoodle_jp/status/1797825604278251731
④ https://x.com/EinsWappa/status/1815742867173990556
⑤ https://x.com/nasu_chourakuji/status/1649548427167154178
⑥ https://x.com/ugx9inqpjp10364/status/1773541981165138323?s=46

**投稿に最適な画像サイズ・解像度を知ろう**

　SNSに投稿する画像には、それぞれ最適な解像度、縦横比があります。最適なサイズで投稿することによって、タイムラインでの視認性が上がったり、高画質なままユーザーに届けることができます。ここでは実例を見ながらX・Instagram・TikTokについて順番に説明します。

　また、本書で解説しているX・Instagram・TikTokはどれもひとりが複数アカウントを作成することが可能です。もし余裕があればそれぞれフォロー・フォロワー0の状態で非公開設定にしたテストアカウントを作成し、テスト投稿をして実際のUIでの見栄えをチェックするのもおすすめです。

- **Xに最適な画像サイズと解像度①**

●ヘッダー画像
（横3：縦1 / 1500×500pix）
ヘッダーの左下はプロフィール画像が重なる部分があるため、注意が必要です。

●プロフィール画像 （横1：縦1 / 400×400pix）
プロフィール画像は丸型または角丸の正方形で表示されます。

| 種類 | 横縦比 | 解像度 | 特徴 |
| --- | --- | --- | --- |
| 横長 | 16：9 | 1200×675pix | 各端末で綺麗に表示されるベーシックサイズ。 |
| 正方形 | 1：1 | 1200×1200pix | タイムライン上で画像を大きく見せることができるサイズ。 |
| 正方形に近い | 8：9 | 1200×1350pix | 2枚投稿の場合に、それぞれを綺麗に見せることができる画像サイズ。 |
| 縦長 | 3：4 | 900×1200pix | タイムライン上で最も画像を大きく見せ、トリミングが少ない画像サイズ。一部端末ではトリミングされるため注意。 |

- Xに最適な画像サイズと解像度②

**8：9**
1200×1350pix

**8：9**
1200×1350pix

● 2枚投稿の最適サイズ
（横8：縦9 / 1200×1350pix）

**8：9**
1200×1350pix

**16：9**
1200×675pix

**16：9**
1200×675pix

● 3枚投稿の最適サイズ
（横8：縦9 / 1200×1350pix）

**16：9**
1200×675pix

**16：9**
1200×675pix

**16：9**
1200×675pix

**16：9**
1200×675pix

● 4枚投稿の最適サイズ
（横8：縦9 / 1200×1350pix）

＊ Xへの投稿画像は最大4枚まで。最適サイズ以外でも投稿は可能ですが、最適サイズ以外で投稿すると意図せず自動でトリミングされてしまいますので注意が必要です。

- Instagramに最適な画像サイズと解像度①

●プロフィール／ハイライト アイコン（横1:縦1 ／ 320×320pix）
どちらもサイズは共通で、正方形（四角形）の画像を使っても、アップロードすると丸くトリミングされます。四角形の画像を使う際は切り取られることを意識して画像を選びましょう。

| 種類 | 横縦比 | 解像度 | 特徴 |
|---|---|---|---|
| ストーリーズ | 16：9 | 1200×675pix | 最適サイズの画面上下の端は仕様により見えにくくなるので注意が必要です。 |
| フィード | 4：5 | 1200×1350pix | タイムライン上では綺麗に表示されますが、プロフィールの投稿一覧から見た時は全て正方形にトリミングされた状態で表示されます。 |
|  | 1：1 | 1200×1200pix |  |
|  | 1.91：1 | 1080×566pix |  |

- **Instagramに最適な画像サイズと解像度②**

> ●リール
> （横9：縦16 / 1080×1920pix）
> 最大で90秒のショートムービーが作成できます。各種アイコンに必要情報が被らないようセーフゾーンを守ったレイアウトで作成しましょう。
> 広告の場合だと、セーフゾーンを守っている広告と比べてクリック率（CTR）が平均で28%低いというデータもあるため注意しましょう。

●リールのセーフゾーン
セーフゾーンの外側は表示する端末や、各種アイコンによって隠れる可能性があります。必要な要素はこの内側にレイアウトしましょう。

●タイムライン表示
タイムライン表示では、枠の範囲が表示され上下が少し見切れます。この表示でも各種アイコンが表示されますが、セーフゾーン内であればしっかり表示することができます。

- **Instagramに最適な画像サイズと解像度③**

> ●リールのカバー画像
> カバー画像を設定するとひと目で何の動画かわかりやすくなり、ユーザーに再生してもらいやすくなります。カバー画像は正方形にトリミングされたときの見栄えを意識してフレームを選んで調整しましょう。

プロフィールグリッドをタップして画面を切り替えます。

カバーとして表示する画像を、投稿する動画の1フレームもしくはカメラロールの中から選びます。

画像をドラッグして移動、ピンチ操作で拡大縮小して実際に表示される様子を調整します。

078

- TikTokに最適な画像サイズと解像度①

●プロフィールアイコン
（横1：縦1 / 320×320pix）

50KB以下の画像をアップロードすると丸くトリミングされます。四角形の画像を使う際は切り取られることを意識して画像を選びましょう。

9：16
720×1280pix

16：9
1200×675pix

1：1
1200×1200pix

| 種類 | 横縦比 | 解像度 | 特徴 |
| --- | --- | --- | --- |
| 動画 | 9：16 | 720×1280pix | 画面いっぱいの縦型で見る動画プラットフォームなため、横長や正方形で投稿した場合は、上下が黒く表示されます。投稿時に編集が可能なので、上下の余った部分などにテロップを入れて活用することも可能です。動画は2GB未満のmp4、もしくはwebM形式を利用することができます。 |
| | 16：9 | 1200×675pix | |
| | 1：1 | 1200×1200pix | |

- **TikTokに最適な画像サイズと解像度②**

●投稿する動画
解像度が720 × 1280pix以上であれば、正方形などのサイズでもアップロードすることも可能です。ただし、ユーザーが見る表示サイズは720 × 1280pixなので、同じ画角で作ることを推奨します。また、表示される端末によって一部の端は隠れることがあります。

●セーフゾーン
画面上にアイコンやテキストが入るので、動画内に情報を入れる場合は、被らないようにセーフゾーンに収めるように注意しましょう。

●キャッチコピー
テキストによる説明や、ハッシュタグを追加できます。

# Xの反応を分析しよう

Xの運用を始めたら、次は投稿やアカウントの状態を分析して最適化を図ります。ここでは分析の方法について解説していきます。

※Xの分析画面は頻繁に変更になるため、記載の内容は2024年9月時点のものです。

## 01 | Xアナリティクスで分析する

分析では投稿、そしてアカウント全体から得られる数値をもとに、ユーザーからの反応を探っていきます。**分析を行う際には、1投稿単位のパフォーマンスはもちろん、週や月など一定期間の数値の変化を見ていくことで中長期的な傾向もつかんでいきましょう。**

Xには、自分のアカウントや投稿を分析できる無料の公式ツールX(Twitter) アナリティクス[8]があります。このツールでは自分のアカウントの運用データを見ることができますが、他のアカウントのデータを見ることはできません。

ここでの分析の目的は、**自分のコンテンツやアカウントのパフォーマンスの高低を比較し、どのような投稿の反応が良いかを見つけ出すことです。**もちろん、データをExcelに出力してグラフにするなど詳細な分析も可能ですが、初めのうちは単純にどのような投稿が反響を得やすいかを感覚的に掴むことから始めてみてください。

---

[8] 出所: X｜アナリティクス
https://twitter.com/i/account_analytics

## 02 | 投稿を分析する

　次は投稿の詳細な分析をしていきます。各投稿に関する通知は、ポストアナリティクス（ポストアクティビティ）から確認できます。

**1** 分析したい投稿の右下に表示されている、グラフアイコンを押してポストアナリティクスを表示します。

グラフアイコンをタップする

　❶〜❹の数値は、他アカウントの数値も閲覧できるため、必要に応じてベンチマークしているアカウントや競合他社のパフォーマンスとも比較してみましょう。一方で、❺〜❾の数値はログイン状態の自分のアカウント以外は確認できません。

❶ いいね数
❷ リポスト数
❸ リプライ数
❹ インプレッション数
　ポストがXで表示された回数

❺-❾

## ❺-❾ 自分だけが確認できる数字

| 番号 | 名称 | 数字の内訳 |
|---|---|---|
| ❺ | エンゲージメント | ユーザーがポストに反応した合計回数。反応には、ポストのクリック（ハッシュタグ、リンク、プロフィール画像、ユーザー名、ポストの詳細表示のクリックを含む）、リポスト、返信、フォロー、いいねを含む。 |
| ❻ | 詳細のクリック数 | ユーザーが当該ポストを詳細表示した回数。 |
| ❼ | 新しいフォロワー数 | 当該ポストから直接獲得したフォロー数。 |
| ❽ | プロフィールへのアクセス | 当該ポストからのプロフィール閲覧回数。 |
| ❾ | リンクのクリック数 | 当該ポストに含まれるURLのクリック数。 |

また、動画投稿の場合は「動画アクティビティ」から動画関連の数値も閲覧できます。主な項目は、以下の通りです。

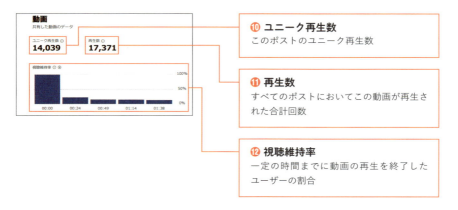

❿ **ユニーク再生数**
このポストのユニーク再生数

⓫ **再生数**
すべてのポストにおいてこの動画が再生された合計回数

⓬ **視聴維持率**
一定の時間までに動画の再生を終了したユーザーの割合

　それぞれの数値は相互に影響しあっているため、どの数値も大切ということが大前提ですが、一旦はいいね数の降順でソートすることをおすすめします。いいね数が上位の投稿に共通する要素、下位に共通する要素をそれぞれ見ていきましょう。

● 投稿へのいいね数から共通点を探る

> 投稿に共通する
> 要素を
> 分析してみよう!

例えば・・・

**テーマ**
特定のテーマ「○○○」を扱ったときにいいね数が増える傾向にある
→ フォロワーやユーザーは「○○○」のほうが関心がある可能性が高いため、コンテンツの割合を増やして検証する、など

**クリエイティブ**
画像が複数枚の方がいいね数が多い
→ テキストよりも画像で情報を確認しているユーザーが多いかもしれないので、同じ内容でクリエイティブの多少を比較する、など

**投稿時間**
15:00に投稿するよりも、19:00頃に投稿するほうがいいね数が多い
→ フォロワーの多くがタイムラインを見ている「アクティブな時間帯」があるのかもしれない、など

**時節**
○○でタイムラインが盛り上がっているときに投稿したらいいね数が多かった
→ トレンドを押さえたほうが反応が伸びる可能性がある、など

　このように、**いいね数が多かった投稿を好事例と仮定して、それらの投稿が共通してもっている要素を因数分解し、次回以降の投稿に反映させていきます。**逆に下位で共通することが多かった要素は減らしていき、いいね数がとれるコンテンツにアカウントを最適化していきます。

いいね数を基準に考えることで、他の数値も同時に上下が見えてくるので、ある程度、あなたのアカウントの傾向やコンテンツのパフォーマンスがわかってきたら、別の数値の指標にも着目し、全体の数値向上を目指していきましょう。

● **分析からアカウントを最適化する**

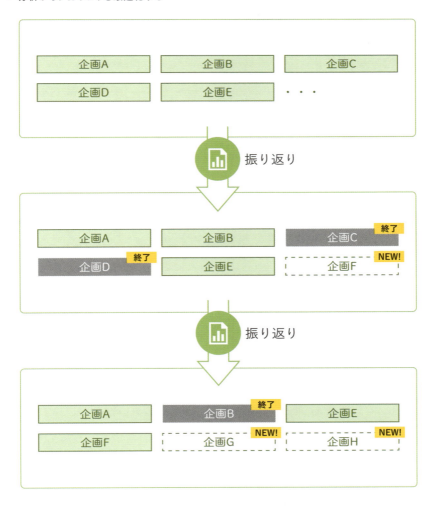

# 03 | アカウントを分析する

Xのアカウントを分析する**アナリティクス**[*8]**は、有料機能であるXプレミアムのユーザーのみに公開されています。**ここでは参考情報としてどのような情報が確認できるのかを簡単に紹介します。

アナリティクスの「概要」タブでは7D(7日間)・28D(28日間)・3M(3ヵ月間)・1Y(1年間)・カスタム期間を選択して、以下の数値について確認することができます。

**グラフ機能**
グラフ機能は表示する数値（2つまで）、グラフの種類（折れ線／棒グラフ）、期間（毎日／毎週／1ヵ月）を設定できる。

＊8 出所: X｜アナリティクス
https://twitter.com/i/account_analytics

アナリティクスの「オーディエンス」タブでは、7D（7日間）・28D（28日間）・3M（3ヵ月間）の期間を選択して、各数値のオーディエンスのデモグラフィックやアクティブな時間を確認できます。

確認できる数値には、いいね / インプレッション数 / ブックマーク / 共有 / 新しいフォロー / 返信 / リポスト / プロフィールへのアクセス数、がある。

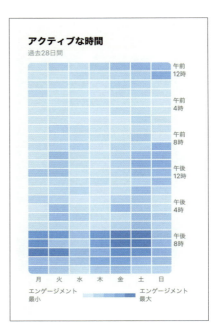

また、アナリティクスの「コンテンツ」タブでは、過去90日間に公開されたコンテンツを数値ごとに確認できます。

**表示できるコンテンツ**
表示するコンテンツの条件を、すべて／ポスト／返信／コミュニティポスト、から選択し、絞り込みに活用する。

**並べ替え**
コンテンツを並び替える方法を選択する。新しい順／古い順／インプレッションの多い順／インプレッションの少ない順／いいねの多い順／いいねの少ない順／返信が最も多い／返信が最も少ない／リポストが最も多い／リポストが最も少ない、の中から選択することができる。

こちらも投稿の分析同様に、まずは一番重要視する数値を仮定します。今回はこの本の趣旨と一致する、新しいフォロワー数を基準にしましょう。フォロワー数に関しては、毎日〇人ずつといった形で一次関数的に増加していくことは非常に稀です。多くの場合、「良いコンテンツ（いいね数やリポスト数が高い、多くのユーザーに届いて反応されたコンテンツ）」が発信されたタイミングで急激に増えます。**したがって、フォロワー数に関しては日々の増減ではなく、月や四半期単位など中長期的な目線で変化を見る必要があります。**

　また、新しいフォロワー数とコンテンツとの関係性は切っても切り離せないため、以下の観点をもって日頃の振り返りをしていきましょう。

- **どのコンテンツを発信したタイミングでどれくらい増えたのか**
- **基準とした月と比較して、フォロワー増加が多かった/少なかった月のコンテンツに共通する要素はなにか**
- **どれくらい投稿期間が空くとフォロワーが減るのか**

## まとめ｜Xの特徴を生かして運用する

　ここまでXについて、その特徴や運用のポイントを解説しました。即時性と拡散性が高いXは、ユーザーとリアルタイムでかかわれるスピード感や、バズによって幅広い接点の創出を狙える点が魅力的なプラットフォームです。仮説をもって投稿を作成し、その分析を繰り返すことでアカウントを最適化することができます。炎上対策については最大限配慮する必要がありますが、様々な投稿の工夫を使いこなしてフォロワー増加につなげていきましょう。

## TIPS Xのタイムライン自体を分析してみる

　X内のユーザー、そしてあなたのアカウントがフォローしているユーザーが常日頃どんなことに興味・関心を持っているかを把握しておきましょう。具体的にはトレンド欄のチェックを行います。トレンド欄の「おすすめ」タブは、世の中で話題になっているトピックからあなたのアカウントにパーソナライズされた話題が表示されています。似たクラスタのユーザーにも同様の内容が表示されている可能性が高いので、定期的にチェックすると良いでしょう。

　トレンドはどのように決定されますか？
　トレンドはアルゴリズムによって決定され、初期設定では、フォローしているアカウント、興味関心、位置情報をもとにカスタマイズされています。ここ数日や今日1日で話題になったトピックではなく、今まさに注目されているトピックが選び出されるため、Xで盛り上がっている最新の話題をリアルタイムで見つけることができます。

　注記: トレンドに関連するポストの数は、トレンドの決定やランク付けの際に考慮される要素の1つにすぎません。このアルゴリズムでは、トレンドとハッシュタグが同じトピックに関連している場合、同じグループにまとめられます。たとえば、#MondayMotivation と #MotivationMonday の意味は同じですから、#MondayMotivation にまとめられます。[*9]

---

＊9 出所: Xのトレンドについてのよくある質問 | X ヘルプセンター
https://help.twitter.com/ja/using-x/x-trending-faqs

Chapter
04

# Instagramを運用する

日本では「インスタ映え」という言葉とともに広がり、多くの世代で使われるようになったInstagram。キラキラなビジュアルだけではない、「今」の使われ方をふまえた運用方法を解説します。

# Instagramの概要を確認する

まずはInstagramの概要と特徴を把握し、プラットフォームに適した運用方法を考えていきましょう。

## 01 | Instagramとは

　Instagramとは、画像を投稿するSNSとして2010年にリリースされた、「好きと欲しいを作り出す」プラットフォームです。**日本の利用者は他国と比べると、ハッシュタグやショッピングタグの活用、ストーリーズの視聴が多い特徴があります。**また、動画プラットフォーム別の国内の動画視聴時間では、InstagramリールはYouTubeに次ぐ2位に位置しています。

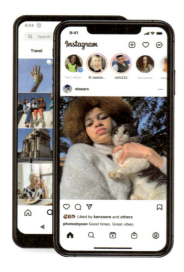

Instagramの特徴は、クリエイティブを前提とした非言語コミュニケーションです。投稿に画像もしくは動画の添付が必須であるため、必然的にビジュアルが中心のプラットフォームになっています。そのため、他のSNSと比較して、**1投稿単位ではなく複数投稿で共通の世界観を表現し、それをユーザーに魅力的に伝えられるかというブランディング観点が重要です。**

　また、Instagramにおける動画再生中の広告に対する反応も特徴的です。**一般的な動画プラットフォームでは、広告に対して視聴者の多くが不満を持つ一方で、Instagramの動画広告の場合は60％のユーザーが「気にしない」、もしくは「楽しんでいる」と回答しています。**Instagramの利用目的が、つながること・楽しむことの両方を兼ね備えていることが影響していると考えられ、企業のマーケティング活動の場としても非常に注目されているSNSです。

# Section 2 Instagramのアカウントを準備する

ここではアカウントの開設方法やプロフィール情報を設定する際のポイント、Instagramの機能をまとめています。

## 01 | アカウントを作成する際のポイント

　プロフィールはできるだけ充実させて、"あなたがどんなアカウントで、何を発信しているのか"を伝えることを意識しましょう。また、Instagramならではの機能や効果を知ることで、アカウントで伝えたいことをより適切に表現できる発信方法を考えてみましょう。

## 02 | Instagramの新規アカウントを作成する

　まずはInstagramのアカウントを新規作成しましょう。Instagramのヘルプセンターのページ＊10で、アカウントの作り方が確認できます。

＊10 出所: Instagramヘルプセンター｜アカウントとユーザーネームの作成
https://help.instagram.com/182492381886913/

## 03 | アカウントの設定を行おう

Instagramのアカウントでは以下の項目が設定できます。

**❶ アイコン画像**

推奨サイズ：320 × 320pixel
形式：JPEG, GIF, PNG
円形にトリミングされるため、被写体や文字のレイアウトに注意。

**❷ ユーザーネーム**

最大30文字で設定することができ、他ユーザーとの重複はできません。アカウントのURLにも反映されるため、原則後から変更することがないことを想定して設定しましょう。よくある例としては（企業名）、（企業名）_official、（企業名）_JPなどの形があります。

**❸ アカウント名**

ユーザーにわかりやすい名前を記載しましょう。こちらは後で変更することも可能です。例えば、○○株式会社＋Chapter2で決めたキャッチコピー などの形があります。

**❹ 紹介文**

最大150文字まで設定することができます。テキスト形式で自由に記載できるので、なにをしている企業/団体/人物なのか、どんなコンテンツを発信しているのかが伝わるように端的にまとめましょう。また、企業/団体/人物の公式ウェブサイトのＵＲＬや公式ハッシュタグなどがあれば記載しておきましょう。

## 04 | プロアカウントへ変更する

　また、Instagramの分析機能を使うためには、「プロアカウント」であることが必須です。そのためアカウント開設後、早めにプロアカウントへと変更しておきましょう。プロアカウントへの変更はInstagramのサイト[*11]にアクセスし、手順通りに操作を行います。

### 1
プロフィール画面で「プロフィールを編集」→「プロアカウントに切り替える」を選択します。

### 2
アカウントが該当するカテゴリを選択します。カテゴリはおすすめから選ぶか、検索して選択します。

検索やおすすめの中から該当するカテゴリをタップして選択

「プロアカウントに切り替える」をタップ

---

＊11出所: Instagram for Business｜Instagramでビジネスを始める
https://business.instagram.com/getting-started?locale=ja_JP

**3**

カテゴリ設定後、ビジネスタイプで「ビジネス」を選択します。あわせて、メールアドレス/電話番号/住所といったユーザー向けの公開情報を追加できます。

**4**

Facebookページを持っている場合は連携させておくといくつかの機能が使用できるようになります。

「**ビジネス**」もしくは「**クリエイター**」をタップして選択

連絡先がない場合は「**連絡先情報を使用しない**」を選択することも可能です。

# Instagramの投稿機能を使って投稿を作成しよう

ここではInstagramの特徴である3種類の投稿についてそれぞれの特徴を解説します。あなたの伝えたい内容にあった効果的な投稿の形式を探っていきましょう。

## 01 | Instagramの投稿のポイント

　Instagramの投稿にはフィード、リール、ストーリーズの3種類があります。また、画像や動画をアップロードするだけでなく、Instagramに備わっている機能で編集を加えることもできます。まずは3種類の投稿それぞれの特徴を理解し、その特徴を生かした最適な形式でクリエイティブを投稿できるようにしていきましょう。

## 02 | フィード投稿

　フィード投稿は、静止画1枚もしくは静止画と動画を組み合わせた2枚〜20枚のクリエイティブを使った投稿です。（クリエイティブが動画1本のみの場合は自動で後述するリール投稿として公開されます。）

　1枚目のクリエイティブはサムネイルとなって、プロフィールページに掲載されます。また、動画の場合は1本あたりの長さは1分が最長となります。フィード投稿はプロフィールページに残したい投稿や、複数のクリエイティブを同時に投稿したいときに利用します。また、汎用性が高いためどのようなケースでも選択することができます。

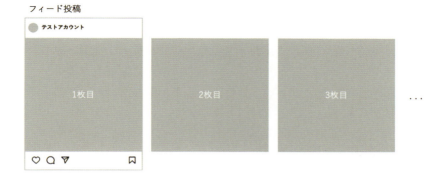

## 03 | リール投稿

　リール投稿は縦長フォーマットを中心とした短尺の動画の投稿です。クリエイティブを動画1本のみで投稿する場合は、自動でこの投稿形式になります。縦長フォーマットで作られた動画の投稿などに利用します。

## 04 | ストーリーズ投稿

　ストーリーズ投稿はストーリーズ欄に24時間限定で投稿を公開できる機能です。クリエイティブが動画の場合、1つのストーリーズあたり1分が最長となります。編集機能で利用できるスタンプにはインタラクティブな機能をもつものが多いため、主に積極的にユーザーとのコミュニケーションを取る際に使われることが多いです。また、ストーリーズでフィード・リール投稿をシェアすることで、ユーザーに見てもらいたい投稿の公開告知などにも利用することができます。

## 05 | Instagramでクリエイティブを編集する

　Instagramではいくつか機能を使ってクリエイティブを編集することができます。また、スマートフォンなどの端末では写真や動画のアップロードだけでなく、テンプレートやフィルターを利用して撮影することもできます。

❶ 作成する

❷ ブーメラン
再生と逆再生を繰り返す動画が撮影できる

❸ レイアウト（グリッド6パターン）
分割したクリエイティブを掲載できる

❹ ハンズフリー
3秒のセルフタイマーで撮影できる

❺ デュアル
前面カメラ・背面カメラで同時に撮影できる

❻ フィルター
撮影時に動画に視覚効果を付加できる

**投稿（フィード）/ ストーリーズ / リール / ライブ（配信）** から選択

### ❼ テキスト加工
クリエイティブ上に文字を載せられる

### ❽ スタンプ
さまざまな機能をもつスタンプ[*12]やGIFアニメーションを付加できる

### ❾ ミュージック
楽曲を追加できる

### ❿ フィルター
視覚効果を追加できる

### ⓫ 落書き
手書きの線を書き加えられる

### ⓬ 保存
今の時点での表示内容をクリエイティブとしてダウンロードできる

### ⓭ 親しい友達
事前に指定した親しい友達リストのユーザーにのみストーリーズを公開

---

*12出所: Instagramヘルプセンター｜ Instagramでスタンプを使う
https://help.instagram.com/151273688993748/?helpref=uf_share

| スタンプの種類 | 機能 |
|---|---|
| 場所 | 投稿場所の位置情報を反映したスタンプを追加 |
| メンション | 他アカウントへのリンクを設定し、相手のアカウントへ通知するスタンプを追加 |
| お題 | ユーザーに対して「お題」を設定し、そのお題に沿った投稿を促せるスタンプを追加 |
| 質問 | ユーザーに対して、自由記述の質問ボックスを設定できるスタンプを追加 |
| フレーム | チェキ風のUIで、画像をタップもしくはスマホを振ると画像が見られるようになるスタンプを追加 |
| GIF | Instagram上に用意されたGIFアニメーションの中から好きな絵柄を追加 |
| アバター | 事前に設定した「アバター」を追加（※事前に設定が必要） |
| 音楽 | Instagramデータベース内の音楽を追加。歌詞を表示させることもできる（※一部楽曲を除く） |
| お題に参加テンプレート | お題に参加用の画像を合成するテンプレートを作成・追加 |
| 切り抜き | 写真から人物だけを切り抜いて追加 |
| アンケート | 最大4つの選択肢を設定して投票を追加 |
| 絵文字 | 絵文字を設定し、タップしてその絵文字を送れるスタンプを追加 |
| 音楽でお題に参加 | 「お題」スタンプ機能に楽曲を指定して追加 |
| 絵文字スライダー | 「具合」を回答できる絵文字つきのスライダースタンプを追加 |
| 表示 | 投稿にぼかしがかけられ、メッセージしたユーザーのみが内容を表示できるようになるスタンプを追加 |
| リンク | 外部サイトへのURLを設定できるスタンプを追加（※表示するリンク名は任意で設定可能） |
| ハッシュタグ | ハッシュタグのリンクを設定できる |
| カウントダウン | 指定した日時までのカウントダウンを設定できる |
| 写真 | カメラロールから写真を追加できる |
| ショッピング | 事前に登録した商品の詳細を見たり、ショップにアクセスしたりできる |
| 通知する | フォロワーが、あなたのアカウントのコンテンツのお知らせをオンにできる |
| 料理の注文 | スタンプ経由で、提携パートナーのウェブサイトからあなたのお店に料理を注文できるようになる |

## 06 | 投稿に対するリアクション機能を使おう

　続いては投稿に対するリアクション機能の使い方を解説していきます。InstagramもSNSの1つですので、双方向のコミュニケーションができるようにしっかりと標準の機能を把握しておきましょう。利用するには反応したい投稿を開いて各種アイコンをタップして利用します。

**❶ いいね**
特定の投稿への好意的な気持ちや支持を伝える機能です。投稿したユーザーへ気軽に感想や意思を伝える際に利用します。一方で「いいね」の行為自体が支持とみなされるケースがあり、誹謗中傷など悪質な投稿へいいねを行った場合、炎上のきっかけや極端なケースでは不法行為として刑事責任を問われる場合があるため、単にいいねする場合も注意が必要です。

**❷ コメント**
特定の投稿に対して、コメントを追加する機能です。他アカウントの投稿への反応や、自身の投稿に補足情報の追加などに利用します。ハッシュタグをコメントで追加するケースも見られます。

**❸ 共有**
特定の投稿やアカウントを、DMやメール、他のSNSなどで送信できる機能です。

　└ **ストーリーズシェア**
特定の投稿を、自身のストーリーズに追加できる機能です。自身のアカウントで公開された投稿の告知や、他アカウント投稿の紹介などに利用します。

**❹ 保存**
特定の投稿を、「ブックマーク」内に保存できる機能です。気に入った投稿や後から見返したい投稿を保存しておくことができます。

## 07 | 投稿を固定する

　自身のアカウントの投稿を3つまで、プロフィールページの投稿欄の一番上に常時表示することができます。固定したい投稿を開き、右上の3点リーダー（・・・）から設定します。アカウントに訪れたユーザーに、優先的に見せたい投稿を固定しておくことなどに利用しましょう。

## 08 | ストーリーズハイライトを作成する

　ストーリーズハイライトは公開済みのストーリーズ投稿を、プロフィールページトップのハイライト内に保存しておける機能です。この機能を利用すると、ストーリーズ投稿を公開から24時間経過後も見られる状態にしておくことができます。

## 09 | DM（ダイレクトメッセージ）を利用する

　DMは特定のユーザーと、他ユーザーからは見えない形で個別にやりとりできる機能です。1対1で話したい/伝えたい話題などで会話する際などに利用しましょう。

　DMを利用すると個別でやりとりできる一方で、スクリーンショットなどを取ればそのやり取りが外部の目にふれるリスクは残ります。DMを使ったやり取りの場合も通常の投稿と同様に細心の注意を払うことが必要です。

# Instagramの運用の ポイントを押さえよう

基本的な投稿の方法が理解できたら、今度はInstagramの運用のポイントを押さえて効果的な投稿をしていきましょう。

## 01 | Instagramの運用のポイント

Instagramの運用におけるポイントは3つあります。これらは相互に作用するため、並行して日々のコンテンツへ組み込んでいきます。

TikTok
運用の
ポイント

1. より多く、より速く、より長く
2. 1対1のコミュニケーションを活発に行う
3. 発見タブへの露出（バズ）を狙う

## 02 | より多く、より速く、より長く

　Instagramの運用を行う上で重要な概念が、「シグナル」と呼ばれる要素です。**シグナルとは、「いいね！」やコメント、シェア、保存、投稿フォーマットなど、Instagram上でコンテンツやユーザーがもつ情報を要素化したものです。**

　投稿された時間や、Instagramを使っている環境、他ユーザーと交流する頻度など、さまざまな情報がシグナルとして蓄積され、Instagramのアルゴリズムをもってアカウントやコンテンツに反映されます。これにより、ユーザーの好みに合わせてコンテンツや発見タブがパーソナライズされています。今回は、Instagramのアルゴリズムで優遇されることを狙って、より優先的に獲得していきたいシグナルに焦点を当てて解説します。

　ここで重要になるのがエンゲージメント率です。エンゲージメント率とは閲覧したユーザーのうち、どれくらい多くの人が反応したかを測る指標です。以下のような式で表すことができます。

●エンゲージメント率＝エンゲージメント数÷インプレッション数

　このエンゲージメント率を高めるにはコンテンツの概要がすぐに伝わり、なおかつ、"より多くの"アクションにつながるための工夫が必要です。ここでは具体的な方法を2つ紹介します。

　1つはユーザーが思わず興味を引くようなサムネイルを利用することです。ここでは**サムネイルを一目見ただけで、その投稿のコンテンツの魅力が伝わるように作成することが重要です。**テキストやクリエイティブを使ってわかりやすいサムネイルを心掛けましょう。

- エンゲージメント率を高めるサムネイルの工夫

> 興味を引く
> サムネイルを
> 考えてみよう！

例えば・・・

### キャッチコピーをいれる
→ コンテンツを見るメリットを端的に表現する

### 文字の視認性を高める
→ 見やすい色や大きさ、レイアウトを設定する

### 内容を象徴するような写真や絵を入れる
→ ひと目見て何の投稿かわかる

もう1つは、ユーザーアクションを促す工夫です。Instagramに限らず、ユーザーにアクションを促す文言（CTA：Call To Action）の活用は有効です。**投稿中でユーザーに対し、行って欲しいリアクションを呼びかけます。**YouTuberがよく言う「この動画が面白いと思った方はGOODボタンと、チャンネル登録もお願いします！」もCTAの1つといえます。

- CTA（Call To Action）の活用

> ユーザーに呼びかける投稿を考えてみよう！

例えば・・・
- ●参考になったら「いいね！」してね
- ●気になることがあったひとは「コメント」で質問してね
- ●後から見返せるように「保存」してね

次に、"より速く"の観点でエンゲージメントの初速を高めることが重要です。現在のInstagramのアルゴリズムではエンゲージメントの初速、すなわち、**公開してから一定時間内にどれくらいのエンゲージメントを獲得したかがリーチに影響を与えると考えられています**。そのため、投稿直後に公開されたことがユーザーに伝わり、そこからエンゲージメントを獲得できる工夫が必要です。

● コンテンツの初速を高める工夫

> 投稿が注目される方法を考えてみよう！

例えば・・・

### 投稿予告
「今夜X時に公開！」など、ユーザーに対してコンテンツの公開タイミングを事前に告知しておき、公開タイミングでの反応につなげる。

### 投稿告知
投稿直後に、公開されたフィード・リール投稿をストーリーズ投稿へシェアして紹介する。

### ユーザーがアクティブな時間に投稿
深夜や平日の昼間などはそもそもユーザーがInstagramを見ていないので、投稿が表示される可能性が低くなる。日々の投稿から、ユーザーが投稿に接触しやすいアクティブな時間を分析しておき、そのタイミングに合わせて投稿を公開する。

　最後に、ユーザーのコンテンツへの滞在時間を"より長く"伸ばすことが重要です。**見やすさ、わかりやすさは担保しつつ、1つのコンテンツを長い時間、あるいは繰り返しみてもらう工夫をしましょう**。

- **コンテンツの滞在時間を高める工夫**

> コンテンツを
> 見てもらう方法を
> 考えてみよう!

例えば・・・

### ひとつの投稿に複数の画像・動画を含める
投稿の情報量を増やし、閲覧時間を伸ばす。

### 詳しい解説をいれる
投稿の情報密度を高めて、投稿をじっくり/何度も見られるような構成にする。
保存数も増える効果がある。

### 動画をループさせる構成にする
短めのリール動画をつかって、気づいたらループしているような構成にすることで、
滞在時間にくわえて完全視聴率も伸ばす。

 TIPS **Instagramのアルゴリズムを理解する**

　Instagramのアルゴリズムがもつ特徴を把握しておければ、運用を効率的におこなうことができます。ただし、アルゴリズムは頻繁に更新されるため、Instagram社のウェブサイト[*13]や、関連ブログ[*14]をこまめにチェックするようにしておくのが良いでしょう。

＊13出所: Instagramのランキングを解説 | Instagram
https://about.instagram.com/ja-jp/blog/announcements/instagram-ranking-explained
＊14出所: Instagramのアルゴリズムを理解しよう | WE LOVE SOCIAL
https://www.comnico.jp/we-love-social/ig-algorithm

## 03 | 1対1のコミュニケーションを活発に行う

　シグナルはここまで解説してきたコンテンツについたユーザーからのエンゲージメント以外でも蓄積されます。他のアカウントにコメントをし合っている、DM（ダイレクトメッセージ）でやりとりをしているなど、コミュニケーションによって生まれるシグナルもあります。

　シグナルの観点から、投稿についたコメントには、（誹謗中傷やスパムなどを除いて）基本的には返信するようにしましょう。投稿に対する質問であれば、適切な回答をコメントするのが望ましいです。**すべて細かく返信するのが難しい場合でも、「ありがとうございます」のお礼や、コメントに対して「いいね！」するなど、なにかしらのリアクションを送るようにしましょう。**また、他アカウントの気になる投稿があればこちらから積極的にコメントをしにいき、他のユーザーと自らコミュニケーションしにいくことも大切です。

　また、ストーリーズのインタラクティブ機能も活用しましょう。ストーリーズには「アンケート」、「質問」、「クイズ」など、ユーザーとのコミュニケーションを活性化させる機能が用意されています。こうした機能を活用して、ユーザーと関係性を深めるきっかけにしていきましょう。アンケートや質問では、集まった結果をさらにコンテンツとして紹介する投稿もよく行われているコミュニケーション方法の1つです。

　さらにDMも積極的にコミュニケーション方法の1つとして活用すると良いでしょう。特定のアカウントと個別でやりとりできるDMは、相手との関係構築はもちろん、シグナルの観点でも有効です。**DMでのコミュニケーションとしては、「相手の投稿への感想」や「投稿内容についての質問」、「ストーリーズでもらった相手のリアクションへの応答」などをきっかけに始めることをおすすめします。**

## 04 | 発見タブへ露出(バズ)を狙う

最後により多くのユーザーに投稿が見られるために、発見タブへの露出を狙っていきましょう。Instagramの発見タブは、フォローしていないアカウントの投稿から新しいものを発見できるようにするための機能で、写真やリール動画などのおすすめの投稿が表示されます。それらのおすすめは、ユーザーの興味・関心に関連していたり、ユーザーが以前にアクションを行ったコンテンツと類似していたりすることがあります。

発見タブに表示される投稿は、次のようなさまざまな要素[*15]に基づいて自動的に選択されたものです。

- フォローしているInstagramアカウント
- Instagramで「いいね！」した写真や動画
- Instagramでのつながり

発見タブへの露出を狙う上で重要になってくるのは、投稿するコンテンツや取り扱うジャンルの一貫性を保つことです。シグナルによって発見タブには、ユーザーが興味・関心をもつコンテンツが表示されます。

---

*15 出所: Instagramの発見タブに表示される投稿が選ばれるしくみ | Instagram
https://about.instagram.com/ja-jp/features/search-and-explore

逆に考えると、**さまざまなジャンルやコンテンツを一貫性なく発信していると、どの層が興味・関心をもつのかの判定が難しくなる**（表示される層が狭くなる）**と考えられます。**そのため、一貫性をもった運用をおこない、「このアカウントはこのジャンルのこういったコンテンツを発信している」とわかりやすく伝わる状態をつくることで意図的にInstagramに学習させ、興味・関心をもっているユーザーに関連投稿として届きやすい状態をつくりましょう。

また、人気フォーマットの活用も有効な方法の1つです。Instagramの流行しやすいフォーマットとしては楽曲、キーワードやセリフ、動き/ダンスなどがあります。流行っている楽曲や、「お約束の流れ」など、**人気のコンテンツフォーマットはユーザーから関連コンテンツとして見てもらえる可能性が高まります。**前述したように、取り扱うコンテンツやジャンルの一貫性は担保しつつ、見せ方として親和性の高そうなフォーマットは積極的に取り入れていきましょう。

最後に忘れてはいけないのが、コミュニティガイドライン[*16]を厳守することです。公序良俗に反するコンテンツはもちろん、無断掲載コンテンツなどによって「露出されづらくなる」こともあるので注意しましょう。コミュニティガイドラインに反するコンテンツには以下のような例が該当します。

- 自分で撮影しておらず、許可のない写真や動画
- ヌード写真や動画、デジタルコンテンツ
- 子どもの全裸または半裸写真
- 「いいね！」やフォロー、コメントを含むやり取りの見返りに、現金や現金同等物を提供する
- ヘイトスピーチ、誹謗中傷
- 自傷行為や暴力行為を推奨するコンテンツ

---

*16 出所: ヘルプセンター | Instagram
https://help.instagram.com/477434105621119

**リールの露出が少なくなる要因**

　リール動画にも、発見タブと同じおすすめに関するガイドラインが適用されます。また、ガイドライン以外の理由でも、リール動画の場合は以下のようなコンテンツで露出が少なくなるため避けるようにしましょう。

**マイナスに働く要素**

- 解像度が低い動画
- 透かし入りの動画（TikTok や YouTube Shorts の透かしが入っている場合）
- ミュートになっている動画（リール動画は音声ありが推奨）
- 枠線を含む動画
- 文字がメインの動画
- 政治的な問題を中心に扱っている動画
- すでに Instagram に投稿されている動画（再投稿コンテンツ）

# Instagramの反応を分析する

Instagramの投稿とその運用のポイントを掴んだら、継続的なアカウントの成長のために分析に取り組みましょう。ここでは分析と改善の方法について解説していきます。

※Instagramの分析画面は頻繁に変更になるため、記載の内容は2024年9月時点のものです。

## 01 | Instagramの分析のポイント

　Instagramの分析では投稿、そしてアカウント全体から得られる数値をもとに、ユーザーからの反応を探っていきます。分析を行う際には、1投稿単位のパフォーマンスはもちろん、週や月など一定期間の数値の変化を見ていくことで中長期的な傾向もつかんでいきましょう。

　Instagramには、無料で利用できるInstagramインサイトという公式の分析ツールがあります。投稿への反応やリーチ数、フォロワーの属性データなどが確認でき、プロアカウントのユーザーであれば誰でも使えます。

## 02 | フィード・リール投稿を分析する

まずは各投稿形式ごとのインサイトを確認していきます。フィード・リール投稿のインサイトから確認できる内容は次の通りです。

**1**
フィード・リール投稿のインサイトを確認するには、投稿の左下の「インサイトを見る」をタップします。

または、フィード・インサイト投稿の右上にある3点リーダーからメニューを開いて、インサイトを選択します。

「インサイトを見る」をタップして開く

3点リーダーをタップする

「インサイト」をタップして開く

フィード投稿のインサイトからは以下の内容が確認できます。

**❶ いいね数 / コメント数 / シェア数 / 保存数**
この投稿へのユーザーの各反応数が一覧できる。

**❸ インタラクション数**
投稿への、いいね / 保存 / コメント / シェア、された数からそれぞれが取り消された数を差し引いた数値が確認できる。

**❷ 閲覧数**
このフィード投稿を閲覧した全体数とそのうちのフォロワー / フォロワー以外の割合が確認できる。また、このフィード投稿にどこから流入したかが、発見 / ホーム / プロフィール / その他、に分けられ確認できる。閲覧数の推移はグラフでも確認できる。

**❹ プロフィールのアクティビティ**
投稿にアクションを行った人のうち、その後アカウントのプロフィールにアクセスした数と、実行したアクションの数が確認できる。

リール投稿のインサイトからは、以下の内容が確認できます。フィード投稿と共通の内容も多いですが、視聴時間（再生時間）が確認できます。

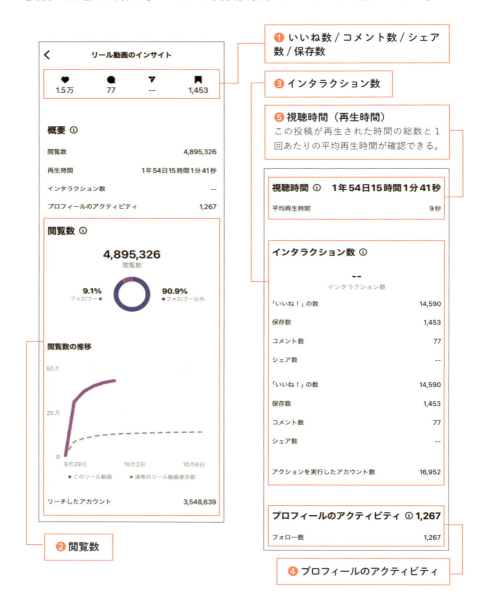

## 03 | ストーリーズ投稿を分析する

　ストーリーズ画面の左下にはアクティビティが表示されています。ストーリーズのインサイトを確認するには、画面を上にスワイプアップするか、アクティビティをタップすると、詳細なインサイトが確認できます。

**1**
投稿したストーリーズを開き、画面をスワイプアップ、もしくは左下のアクティビティをタップしてインサイトを開きます。

画面をスワイプアップ（上方向に画面をなぞる）する

「**アクティビティ**」をタップする

上部にある目のアイコンの横には、ストーリーズの閲覧数が表示されます。また、目のアイコンをタップすると、ストーリーズを閲覧したアカウントの一覧が表示されます。この閲覧数と閲覧したアカウント一覧は、24時間を経過すると表示されなくなります。誰に見られたか記録を残しておきたい場合は、24時間経過前にスクリーンショットなどを撮るようにしましょう。グラフのアイコンをタップすると、ストーリーズで実行されたアクションなどの詳細が見られます。

❷ 閲覧数

❸ インタラクション数
└ナビゲーション
この投稿への流入元の要因が確認できる。

❹ プロフィールのアクティビティ

これらのほか、投稿にスタンプ機能を使った場合、それらで得られた回答や数値が表示されます。ストーリーズは基本的に24時間で消えるため、公開中はこまめに、このストーリーズインサイトで数値をチェックしておきましょう。ストーリーズのインサイトのログは残らないため、本格的に分析するには、どんな人が見てくれているのかを定期的に確認しておくことをおすすめします。

　なお、ストーリーズの公開終了から30日経つとインサイト内のストーリーズ一覧ではコンテンツが削除されますが、アーカイブからストーリーズを表示して上にスワイプすると、1週間以内であればインタラクションや発見の数値を確認することができます。

このように投稿単位のインサイトでは様々な数字が確認できますが、この本の基準はあくまで「フォロワー数」です。各投稿のインサイトでプロフィールのアクティビティから以下の数字をチェックするようにしましょう。

●プロフィールへのアクセス
●フォロー数

　ここからはこれらの各数値が増えた/減ったタイミングでどんな投稿をしていたのか、共通点を探って次のような方法で投稿を改善していきます。

- 改善内容を考える①

投稿をより見てもらえる方法を考えてみよう！

例えば・・・

**訴え方を変える**
→「知っていると得する」を「知らないと損する」に変える

**切り口を変える**
→同じ内容でも、焦点を当てる部分を変える

- 改善内容を考える②

> クリエイティブを
> より見てもらう方法を
> 考えてみよう！

例えば・・・

## デザイン性を高める
→ canva や figma など無料で使えるデザインツールで改善してみる

## 視認性を高める
→ 文字サイズを大きくしてみる、文字に輪郭をつける、画像の解像度を上げるなど

## 内容をわかりやすくする
→ 情報を複数クリエイティブに分割し、クリエイティブ1つあたりの情報量を減らす

3つに分割

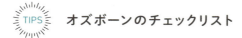

## オズボーンのチェックリスト

　ブレインストーミングの生みの親であるオズボーン氏が生み出したオズボーンのチェックリストは、投稿の改善アイデアを考える際の心強い味方です。困ったら以下の項目を参考に改善してみましょう。

| チェック項目 | 改善の方法 |
| --- | --- |
| 転用できないか | 他の使い方をしてみる |
| 応用できないか | なにか似たような事例を参考にしてみる |
| 変更できないか | 色や温度、音、動き、形など変えてみる |
| 拡大できないか | 大きくしてみる、長くしてみる、高くしてみる |
| 縮小できないか | 小さくしてみる、短くしてみる、低くしてみる |
| 代用できないか | 違うものを取り入れるなど、別の要素で実現してみる |
| 置換できないか | 違うものを使って実現してみる |
| 逆転できないか | 順序を変える、向きを変える、働きを変える |
| 結合できないか | 他のアイデアと組み合わせたり、つなげてみたりする |

# 04 アカウントを分析する

　続いては、アカウントそのものを分析して運用を見直してみましょう。インサイト内の「概要」欄からは以下の3つの数字が確認できます。

**1**
インサイトを確認したい自分のアカウントから、画面右上のハンバーガーメニューを開きます。

**2**
「設定とアクティビティ」が表示されるので、インサイトを開きます。

メニューをタップして開く

「インサイト」をタップして開く

インサイトでは過去7日間・過去14日間・過去30日間・前月・過去90日間・カスタム期間で「概要」もしくは「あなたがシェアしたコンテンツ」から確認したい内容を選んで細かな数値を確認できます。

❶ 概要
このアカウントにまつわる全般的な数値（コンテンツの数値含む）を、ビュー／インタラクション／合計フォロワー、から確認できる。

❷ あなたがシェアしたコンテンツ
このアカウントが投稿したコンテンツごとの数値を確認できる。

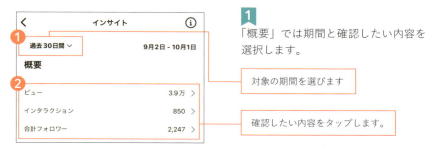

**1**
「概要」では期間と確認したい内容を選択します。

対象の期間を選びます

確認したい内容をタップします。

「概要」では、指定した期間で以下の3つの数値が確認できます。
- ●ビュー
- ●インタラクション
- ●合計フォロワー

　それぞれタップするとより詳細な数値が確認できます。ここで、フォロワーの増加のためには「フォロワー以外」にコンテンツが表示される、反応される割合を高める必要があります。そのために、**例えば「検索」で見つけてもらうために、コンテンツ、投稿文、ハッシュタグやアカウントのプロフィール文に関連性の高いキーワードを含めるようにしましょう。**

　まず、「ビュー」内では、コンテンツが再生または表示された回数をフォロワー/フォロワー以外という指標で確認したり、コンテンツタイプ別に見たりすることができます。

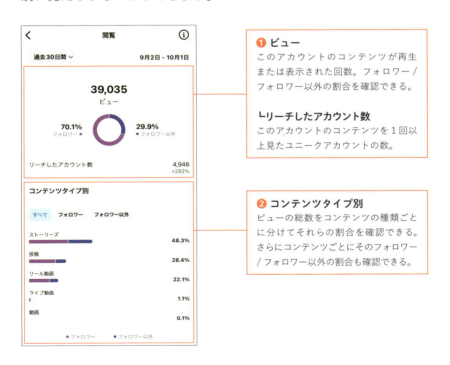

❶ ビュー
このアカウントのコンテンツが再生または表示された回数。フォロワー／フォロワー以外の割合を確認できる。

┗リーチしたアカウント数
このアカウントのコンテンツを1回以上見たユニークアカウントの数。

❷ コンテンツタイプ別
ビューの総数をコンテンツの種類ごとに分けてそれらの割合を確認できる。さらにコンテンツごとにそのフォロワー／フォロワー以外の割合も確認できる。

また、「ビュー」内のトップコンテンツ別で「すべて見る」を開くと指定期間内に公開したコンテンツをコンテンツの種類別・指標別に並べ替えて確認することができます。ここでは、**どのコンテンツが数値を獲得できているか/できていないかを把握して、できているコンテンツに共通する要素を見つけ出し、それを増やしていきましょう。**

**1**
トップコンテンツ別の「すべて見る」をタップして投稿したコンテンツの一覧画面を開きます。

「すべて見る」をタップする

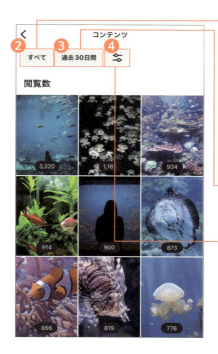

**2**
コンテンツの一覧が表示されるので、コンテンツの種類と投稿した期間、並び替えやフィルター設定、指標の変更を利用して詳細を確認します。

コンテンツタイプを選択する

検索の対象となるコンテンツが投稿された期間を選択する

❷ で選択したコンテンツタイプに合わせて、並び替えやフィルター設定、指標の変更ができる

さらに「ビュー」内のオーディエンスでは都市や国、年齢層、性別ごとの分布を確認できます。この数値は過去7日間または30日間のみ閲覧可能です。また、この期間であっても期間内に一定以上の数値を獲得しないと閲覧できない場合があります。

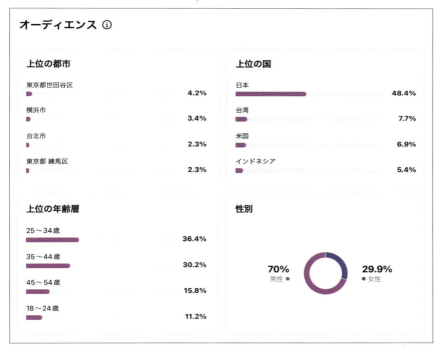

　「ビュー」内のプロフィールのアクティビティでは各数値について、指定期間と同じ長さの直前期間とを比較した変化割合を確認することができます。

❸ プロフィールのアクティビティ
┗プロフィールへのアクセス
このプロフィールへのアクセス数。

┗外部リンクのタップ
┗ビジネス住所のタップ数
プロフィールに記載している各情報がタップされた回数。

続いて「インタラクション」内では、ユーザーがコンテンツに対していいねなどの行動を行った回数を投稿の種類別に確認することができます。

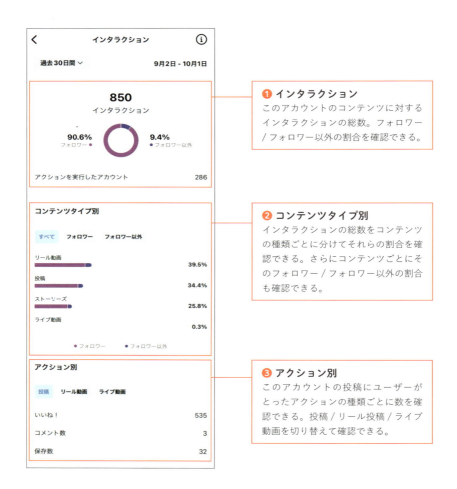

❶ インタラクション
このアカウントのコンテンツに対するインタラクションの総数。フォロワー / フォロワー以外の割合を確認できる。

❷ コンテンツタイプ別
インタラクションの総数をコンテンツの種類ごとに分けてそれらの割合を確認できる。さらにコンテンツごとにそのフォロワー / フォロワー以外の割合も確認できる。

❸ アクション別
このアカウントの投稿にユーザーがとったアクションの種類ごとに数を確認できる。投稿 / リール投稿 / ライブ動画を切り替えて確認できる。

「インタラクション」内のトップ投稿から「すべて見る」を開くと、「ビュー」内でのトップコンテンツ別と同様の数値を確認できます。インタラクション経由で開いた場合は、コンテンツタイプで「投稿」が選択された状態が表示されます。

「合計フォロワー」内では、フォロワー数の推移やデモグラフィック情報を確認できます。まずは、**フォロワーが増えた日/減った日にどんなコンテンツを公開していたかというコンテンツ単位での観点から確認してみましょう。**

　さらにこの観点に加えて、1週間や1カ月〜など長期的な観点でもフォロワー数の推移を確認することで、ひとつひとつのコンテンツの比較だけでは見えなかった傾向が見えてくることもあります。

❶ 増加

└全体のフォロワー
後述のフォロー数からフォローをやめた数を引いた数。

└フォロー数
選択した期間にこのアカウントをフォローしたアカウント数。

└フォローをやめた数
選択した期間にこのアカウントのフォローをやめたアカウントもしくはInstagramを退会したアカウントの数。

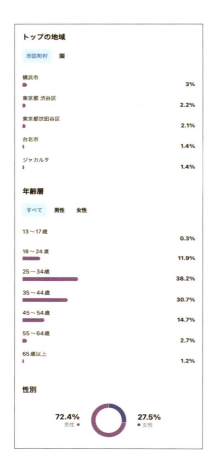

　デモグラフィック情報では、自分のアカウントが想定しているターゲットの層にフォローされているかを確認しましょう。

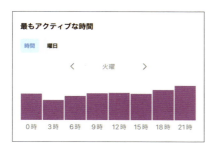

　最もアクティブな時間では、フォロワーがInstagramを利用している時間帯が確認できます。**より多くのユーザーにコンテンツが届きやすい、ピークの時間を狙って投稿を公開できないか、投稿時間を調整してみましょう。**

**予約投稿機能を活用しよう**

## ●Xで予約投稿をする

　予約はPCブラウザ版のみ対応しています。PCブラウザでXにアクセスして投稿を作成した後に、「スケジュール」を選択して投稿したい日時を設定し、「確認する」をクリックします。その後、投稿の作成画面から「予約設定」をクリックすれば予約が完了します。予約済みのポストは、「予約投稿ポスト」から確認と編集が可能です。また、投票機能は予約できないため注意が必要です。

## ●Instagramで予約投稿する

　予約はスマホアプリ版のみ対応しています。投稿作成画面の一番下の項目から「詳細設定」を選択し、「この投稿を日時指定」をオンにします。続いて投稿したい日時を設定し、「完了」を選択して「詳細設定」から投稿作成画面に戻ります。「日時指定」をタップすれば予約が完了します。予約済みの投稿は、フィードで画面下部の「+」ボタンを押した後の、投稿画像の選択画面で「日時指定済み」を選択すると確認が可能です。現時点でストーリーズは予約投稿に対応していません。

## ●TikTokで予約投稿する

　予約はPCブラウザ版のみ対応しています。PCブラウザでTikTokにアクセスし、右上の「アップロード」から画面の指示に従って投稿を作成します。投稿作成画面で「動画を投稿予約」をオンにして、投稿したい日時を設定し、「投稿予約」をクリックすれば予約が完了します。予約済みの投稿は、アカウントトップ画面左側の「プロフィール」に進み、動画の一覧から確認できます。ただし、予約済みの投稿は後から編集できないため、内容を変更したい場合は削除して再アップロードが必要になるため注意しましょう。

「あなたがシェアしたコンテンツ」では、指定期間内に公開したコンテンツの数や、コンテンツを種類別・指標別に並び替えてみることができます。確認できる情報は、ここまでに解説した「概要」内と同様です。

**1**
「あなたがシェアしたコンテンツ」では期間と確認したい内容を選択します。

対象の期間を選ぶ

確認したい内容をタップする

## まとめ｜Instagramの特徴を生かして運用する

　ビジュアルでのコミュニケーションが中心のInstagramでは、非言語的にブランドの世界観を伝えられたり、幅広いユーザーとの接点が創れたりする点が魅力的なプラットフォームです。多数へ向けた発信と、1to1のコミュニケーションどちらも充実させて、フォロワー増加につなげていきましょう。

Chapter
05

# TikTokを運用する

短尺動画プラットフォームとして、若年層を中心に利用者が急拡大しているTikTok。流行り廃りが激しい中でも、一貫してコンテンツの良さを伝えるポイントを解説します。

# TikTokの概要を確認しよう

最後に解説するのは近年急激にユーザー数を増やしているTikTokです。その特徴と注意点を正しく把握して効果的に運用していきましょう。

## 01 | TikTokとは

　TikTokは、15秒から1分程度の縦型短尺動画を共有するアプリです。以前は音楽系コンテンツが中心でしたが、現在は日常の面白い動画や実用的な動画も人気を集め、コンテンツの種類が多様化しています。

　TikTokは==他のSNSと比較すると、フォロワー数が少なくてもバズが起こりやすいという性質があります。==逆をいえば、フォロワーが多くてもバズらないこともあるため、より投稿するコンテンツそのものの重要度が高いSNSと言えるでしょう。

TikTokの特徴は、他のSNSと比較した際、特に10〜20代でユーザー数が伸びていること、それに伴ってユーザー同士のコミュニケーションが盛んに行われているところです。そのため、**最近では若者を中心に認知度や好感度を上げたいと考える企業やブランドの活用事例も増えてきています。**

　その要因として、アプリの編集機能をつかって簡単に動画をつくれることや、投稿されるコンテンツの中心が音楽に合わせて動く動画であり、ユーザーがすぐに真似をして投稿しやすい点も挙げられます。また、「チャレンジ」と呼ばれる、投稿するお題が提供される仕組みもあるため、投稿のネタに困りづらいところも、利用率の増加につながっていると考えられます。

　一方で、利用禁止令が出された国や地方自治体もあり、今後の動向は注意深く見守っていく必要がありそうです。

# TikTokのアカウントを準備する

ここではアカウントの開設方法やプロフィール情報を設定する際のポイント、基本的なTikTokの機能をまとめています。基本を押さえて効果的な運用ができるようにしておきましょう。

## 01 | TikTokのアカウントを準備するポイント

　TikTokのアカウントを設定する際も、プロフィールはできるだけ充実させて、あなたがどんなアカウントで、何を発信しているのかを伝えることを意識しましょう。また、TikTokならでは機能や効果を知ることで、アカウントで伝えたいことをより適切に表現できる発信方法を考えることが重要です。

## 02 | TikTokのアカウントを設定する

　まずはアカウントを新規作成しましょう。ビジネス利用であれば、アカウント作成時に「ビジネス」を選び、ビジネスアカウントとして作成しておきましょう。ビジネスアカウントへは後から変更する[16]こともできます。

---

\*16出所: TikTokビジネスアカウントへの切り替え方法｜TikTokビジネスヘルプセンター
https://ads.tiktok.com/help/article/switch-to-tiktok-business-account?lang=ja

TikTokのアカウントで設定できる項目は以下の通りです。

**❶ アカウント名**
ユーザーにわかりやすい名前を記載する。後で変更が可能。例として○○株式会社＋（前項で決めたキャッチコピー）など最大30文字で、アカウント名を変更できるのは7日に1回まで。

**❷ アイコン画像**
推奨サイズ：90 × 90pixel
形式：JPEG, PNG
円形にトリミングされるため、被写体や文字のレイアウトに注意が必要。

**❸ ユーザー名**
最大24文字。ユーザー名を変更できるのは30日に1回まで。他ユーザーとの重複は不可。アカウントのURLにも反映されるため、原則変更しない想定で設定する。よくある例としては、(企業名)、(企業名)_official、(企業名)_JP など。

**❹ 紹介文**
最大80文字。ユーザーに、なにをしている企業/団体/人物なのか、どんなコンテンツを発信しているのかが伝わるように端的にまとめる。

**❺ URL**
企業/団体/人物の公式ウェブサイトなどを記入

# TikTokの投稿を作成する

TikTokの投稿は基本的に短い縦長動画が主流です。撮影した動画やクリエイティブ、アプリケーションに備わっている様々な編集機能を有効に活用し、ユーザーとのコミュニケーションを生み出す投稿を作成しましょう。

## 01 | TikTokの投稿を作成する

　TikTokの投稿形式は動画投稿のみなので、アプリの機能を利用して撮影するか、写真や動画をアップロードしさらに編集を加えます。

❶ 楽曲を選ぶ
TikTokのライブラリから音楽や効果音を選択して投稿に追加する機能。動画の雰囲気の演出や、楽曲を利用して撮影することに利用する。

❷ カウントダウン
撮影を開始するカウントダウンのタイマーを設定する機能。

❸ 美顔
TikTokのライブラリから、さまざまな色合いやエフェクトを使って、撮影中の映像の雰囲気を調整する機能。

❹ 縦横比
動画の縦横比を調整する機能。

## 02 | TikTokの投稿にリアクションする

TikTokは自身で投稿するだけでなく、自分以外のユーザーの投稿にリアクションする機能があります。投稿画面に表示される各種アイコンをタップして利用します。

**❶ いいね（ハート）**
気に入った動画のいいね（ハート）をタップすることで、動画の制作者に対する肯定的なフィードバックを送る。

**❷ コメント**
視聴者が動画についてのフィードバックや意見、質問などを投稿者にテキストメッセージで直接伝えることができる。また、コメント欄では他の視聴者のコメントへの返信やいいねをつけることで交流することも可能。

**❸ 保存**
特定の投稿を、「ブックマーク」内に保存できる機能。気に入った投稿や後から見返したい投稿を保存するのに利用する。

**❹ 共有**
特定の投稿やアカウントを、DMやメール、他のSNSなどで送信できる機能。

## 03 | DM（ダイレクトメッセージ）でやり取りする

　特定のユーザーと、他ユーザーからは見えない形で個別にやりとりできる機能です。アカウントに対する質問など、1対1で話したい/伝えたい話題などで会話する際に利用します。個別でやりとりできる一方で、スクリーンショットなどで外部の目にふれるリスクはあるため、やりとりには通常の投稿と同様に細心の注意が必要です

 **TIPS　TikTokの投稿をダウンロードする**

　投稿アカウントが許可している場合、TikTokロゴのウォーターマーク（透かし）入りで自身の端末に動画をダウンロードすることができます。

動画の詳細を開いて、「**ダウンロードする**」をタップする。

ウォーターマーク

# TikTokの運用の
# ポイントを押さえよう

TikTokの運用における3つのポイントを正しく把握し、それらを意識した投稿で戦略的な運用を目指しましょう。

## 01 | TikTok運用のポイント

　TikTokの運用におけるポイントは3点です。これらは相互に作用するため、並行して日々のコンテンツへ組み込んでいきます。

1. 最初の2秒を逃さない
2. コメント欄を味方につける
3. TikTokのトレンド＋
   　自分ならではの面白さ

## 02 | 最初の2秒を逃さない

　TikTokは、ユーザーがコンテンツを見る/見ない、を判断するスピードが非常に早いプラットフォームです。ユーザーの端末にコンテンツが表示される一瞬で興味をもってもらえるような動画構成を意識する必要があります。**目安は、動画開始から「2秒」以内に投稿の概要が伝わることです。**

　おすすめの構成は、最初からこの投稿から何が見られるかがすぐに伝わる「結起承転（結）」です。引きのある結（結論・主題）から動画を始め、「『結』についてもっと知りたいな」、「どういう流れでこの『結』につながるのだろう」、「なぜこの『結』なんだろう」など、起承転への興味をつくるような構成でコンテンツをつくってみましょう。また、結→起→承→転→（最初の結に戻る）とループさせる動画の構成にできれば、繰り返しの視聴にもつながります。

● 投稿に興味をもってもらう工夫

> 冒頭2秒で興味をつかむ方法を考えてみよう！

例えば・・・

### ●わかりやすいタイトルを入れる
動画冒頭に、内容がわかるようなタイトルや概要情報を含めて「何が見られるのか」を明らかにする。

### ●動きをつくる
文字が動く、ラインが敷かれる、人物の動作がある・・・など、動画開始時に動きをつくって意識を引き付ける。

### ●パワーワードを含める
会話の中から生まれた突拍子もない発言や、珍しい言葉を先に見せて、どんな話の流れからその発言が出たのかに興味をもってもらう。

### ●最終形を見せる
料理やメイクなど完成した最終形の状態を先に見せて、そこに至るまでの過程に関心をもってもらう。最終形のクオリティが高ければより強い引きになる。

## 03 | コメント欄を味方につける

　TikTokは他のSNSと比較して、コメント欄がアクティブなことも特長です。ユーザー目線でいえば、**動画を見て、その動画を見た他の人はどう感じているのかをコメント欄で見るまでがセットとなっています。** そして、他人のコメントに対してリアクションするなど、コメント欄自体がコミュニティ化している側面があります。日頃から自分の動画のコメントはもちろん、他の動画のコメントもチェックするようにしましょう。

　コメント欄は、確認したい投稿の右側のメニューからフキダシマークを押すことで開くことができます。

　自分の投稿についたコメントは反応を参考に、自身のコンテンツを改善していくのに利用します。また、投稿に対する質問があればそれに対して応えるなどユーザーコミュニケーションにも活用することができます。アカウントによっては、**コメント欄に寄せられた質問に回答する動画や、お悩みの相談に乗るような、コメントをきっかけとした双方向のコミュニケーションコンテンツをさらに投稿しているケースもあります。**

　一方で、自分以外のアカウントの視聴回数が多い投稿のコメントは特に意識してチェックしていきましょう。**ユーザーが動画のどんなところに反応しているのか、どんな意見が寄せられているのか、その動画に対してユーザー同士はどんなコミュニケーションをしているのかなど、リアルなユーザーリアクションを知ることができる貴重な場です。** ここで得られた情報をもとに、自身の投稿にも反映していくことで、コンテンツを改善する好循環を生むことができます。

## 04 | TikTokのトレンド＋自分ならではの面白さ

　TikTokの強みは、コンテンツの拡散力がフォロワー数の影響を受けづらいことです。一方で、フォロワー数が多くても需要のないコンテンツはユーザーに届きづらいため、いかに「いま求められているコンテンツ」を定常的に発信できるかが重要になります。

　他のSNSでもいえることですが、まずは自分自身が**TikTokのヘビーユーザーになり、どんなコンテンツが流行っているのかを知り、なぜ流行っているのかを分析しましょう。**

- どんなコンテンツが流行っているかの観点

> 流行りのコンテンツを観測してみよう！

例えば・・・

**題材**
話題の出来事や人物、ドラマ、マンガやアニメ等のコンテンツなど

**時節**
四季や著名な記念日、花粉症などの事象や確定申告等のイベントなど。

**形式**
決まったやりとりやセリフ、フォーマットをつかったコンテンツ。

**動き**
主にダンスやポーズ。多くの場合、後述の音楽とセットで流行る。

**音楽**
動画にBGMとして付加される楽曲。通常の音楽チャートとは別で、TikTok（やSNS）独自のブームが生まれることもある。特定のダンスとセットでトレンドになることもある。

また、音楽に関してはTikTok上に加えて、billboard*17や各種音楽系サブスクリプションサービスで確認することも可能です

- **なぜ流行っているのかの観点**

> なぜ流行っているのかを考えてみよう！

例えば・・・

**有用性**
難しいことがわかりやすく解説されている、参考になる、など

**エモーショナル**
感動、可愛い、かっこいい、面白い、など

**インタラクティブ**
一緒に参加して楽しめる、双方向な構成になっている、など

　また、これらの流行りは移り変わりが激しいため、**時間をかけて渾身の1コンテンツをつくるのではなく、短時間で大量のバリエーションを作ってコンテンツを出し、徐々に改善していくことで、さまざまなパターンを試すのがおすすめです。**そしてコンテンツには、流行っている共通点に加えて自身のアカウントのコンセプトを踏まえた「このアカウントならではの観点」を付加しましょう。

---

＊17出所: billboard JAPAN｜TikTok Weekly Top 20
https://www.billboard-japan.com/charts/detail?a=tiktok

# TikTokの反応を分析する

TikTokの運用を始めたら、次は投稿やアカウントの状態を分析して最適化を図ります。ここでは分析の方法について解説していきます。

　TikTokの分析画面は頻繁に変更になるため、記載の内容は2024年9月時点のものです。

## 01 | TikTokを分析するポイント

　投稿、そしてアカウント全体から得られる数値をもとに、ユーザーからの反応を探っていきます。分析を行う際には、1投稿単位のパフォーマンスはもちろん、週や月など一定期間の数値の変化を見ていくことで中長期的な傾向もつかんでいきましょう。

## 02 | TikTokの投稿を分析する

　TikTokは投稿した動画に対するユーザーの反応を分析という機能から確認することができます。分析機能は、プロフィールページから分析したい動画をタップして開き、動画の再生画面右下にある「詳細データ」をタップします。

概要タブでは各投稿について以下の情報を確認することができます。

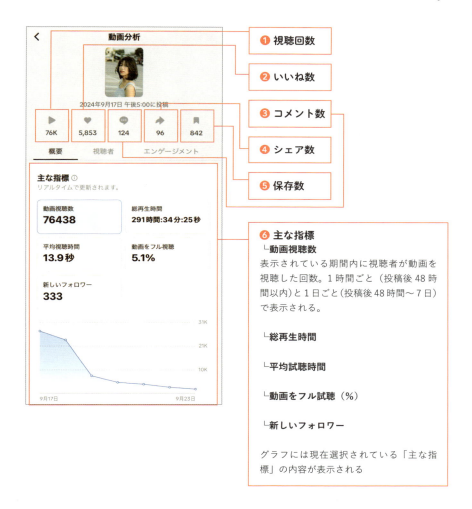

❶ 視聴回数
❷ いいね数
❸ コメント数
❹ シェア数
❺ 保存数

❻ 主な指標
└ 動画視聴数
表示されている期間内に視聴者が動画を視聴した回数。1時間ごと（投稿後48時間以内）と1日ごと（投稿後48時間〜7日）で表示される。

└ 総再生時間

└ 平均試聴時間

└ 動画をフル試聴（％）

└ 新しいフォロワー

グラフには現在選択されている「主な指標」の内容が表示される

**❼ 継続率**
投稿した動画の時間経過に伴う、継続して視聴する視聴者の割合。

**❽ トラフィックソース**
視聴者が投稿を見つけた場所。TikTokの主なソースの種類は、おすすめ／フォロー中／楽曲ページ／プロフィール／検索／ダイレクトメッセージ。その他の種類は、その他に分類される。

**❾ 検索クエリ**
投稿を見る直前に視聴者が検索したクエリ。過去90日間のデータのみが表示される。

視聴者タブでは各動画の視聴者について、以下のようなその詳しい属性を確認することができます。

❶ **総視聴数**
この動画を視聴したユニーク視聴者の総数。

❸ **視聴者のインサイト**
視聴者のもつ属性に関して、性別の割合（男性：女性：その他）、年齢（18-24, 25-34, 35-44, 45-54, 55+）、上位の国／地域、上位の都市の数値を確認できる。

❷ **視聴者の種類**
└**戻ってきた視聴者**
過去 1 年間に投稿を見たことのある視聴者の割合

└**新しい視聴者**
あなたの投稿を初めて見た視聴者、または最後にあなたの動画を見てから 1 年経過していた視聴者の割合

└**フォロワー**
投稿を見たユーザーのうち、アカウントをフォローしている視聴者の割合

└**非フォロワー**
投稿を見たユーザーのうち、アカウントをフォローしていない視聴者の割合

最後にエンゲージメントタブでは以下の情報を確認できます。

❶ **コメントで良く使用されている単語**
動画に投稿されたコメントでよく使われている単語。

❷ **いいね数**
投稿した動画への「いいね」がどの時刻に行われているのかを割合で示している。

投稿単位のインサイトでは、まずは平均視聴時間と動画をフル試聴の数値を意識して運用してみましょう。平均視聴時間が短い、フル視聴の割合が少ない、ということはユーザーが短時間で動画から離脱してしまっているということです。離脱につながる要因の共通点を探り、以後のコンテンツに反映していきます。

- **ユーザーの離脱を防ぐには何が必要か**

> ユーザーの離脱原因を考えてみよう！

例えば・・・

### 冒頭の引きが弱い

Section02「最初の2秒を逃さない」を参考に、
冒頭で興味をひく構成を意識してみましょう。

### 内容が伝わりづらい

全部口頭での説明になっている、逆に文字だけの説明になっているなど。アテレコしてみる、音声が聞けない視聴環境でも内容がわかるように「文字入れ（字幕を追加）」してみる、絵や図をつかってみるなど、短時間で伝えるための補足情報を追加してみましょう。

### 動画の尺が長い

TikTok上のコンテンツは15秒程度で楽しめる動画が中心です。全部見ないとわからない長い動画は途中で離脱されてしまいがちです。「最も伝えたい部分」を吟味し、話題をひとつに絞ってみましょう。

## 03 | アカウントを分析する

TikTokのインサイトは、「TikTok Studio」から確認できます。

**1**
アカウントプロフィール画面右上のハンバーガーメニューをタップし、メニューから「TikTok Studio」を選択します。

**2**
TikTok Studioのツールタブのインサイトの「すべて見る」からインサイトの詳細を開きます。

メニューをタップ

「TikTok Studio」をタップ

「**すべて見る**」をタップ

TikTokのインサイトでは、７日間・２８日間・６０日間・３６５日間・カスタム（自由）の区分でアカウントに関する様々な数値を確認できます。確認したい内容に合わせてタブを切り替えて利用しましょう。概要タブでは以下の内容が確認できます。

❶ **主な指標**
└動画の視聴者数／プロフィールの表示回数／いいね／コメント／シェア
グラフには現在選択されている「主な指標」の内容が表示される。

❷ **トラフィックソース**
視聴者が投稿を見つけた場所。TikTokの主なソースの種類はおすすめ／フォロー中／楽曲ページ／プロフィール／検索／ダイレクトメッセージ。その他の種類は、その他に分類される。

❸ **検索クエリ**
投稿を見る直前に視聴者が検索したクエリ。過去90日間のデータのみが表示される。

続いてコンテンツタブではこれまでの投稿に対するユーザーの反応が確認できます。

❶ **あなたのトップ投稿**
過去7日間にもっともパフォーマンスが高かった投稿。最多視聴者数、新規視聴者数最多、最多「いいね」数、新規フォロワー数の項目ごとに上位10投稿を確認できる。

視聴者数タブでは、視聴者とその属性に関する情報を確認できます。

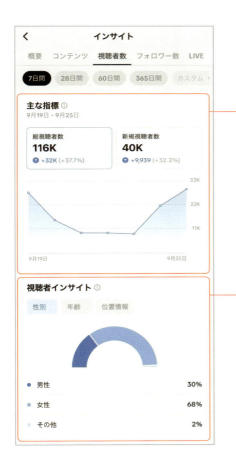

❶ **主な指標**
└ **総視聴者数**
投稿を見たすべての視聴者数。後述の新規視聴者数に加えて、戻ってきた視聴者数（過去1年間にこのアカウントの投稿を見て、選択している期間に再度見た視聴者）を含めた数。

└ **新規視聴者数**
1年間、または選択した期間にはじめてこのアカウントの投稿を見た視聴者数。

❷ **視聴者インサイト**
このアカウントの視聴者の性別、年齢、位置情報を確認できる。

❸ **もっともアクティブな時間帯**
過去7日間にTikTokでこのアカウントの視聴者が最もアクティブだった時間帯が確認できる。

❹ **あなたの視聴者が視聴した他のクリエイター**
このアカウントの視聴者が最近視聴した他のアカウントが確認できる。過去7日間の視聴者数でランク付けされ、視聴者数が最多のクリエイターが最初に表示される。

❺ **あなたの視聴者が視聴した他の投稿**
このアカウントの視聴者が最近視聴した投稿が確認できる。投稿は過去7日間の視聴者数でランク付けされ、視聴者数が最多のクリエイターが最初に表示される。

フォロワー数タブでは、フォロワーとその属性に関する情報を確認できます。

また、TikTokライブ実施後は、LIVEタブも確認できるようになります。

アカウント単位のインサイトでは、**フォロー数の増減と「動画が視聴された回数」の増減を追っていきましょう**。複数の投稿を比較して、視聴された回数が多かった動画の共通点、少なかった動画の共通点を分析し、以後のコンテンツに反映していきます。その際に気をつけたいのが「テーマやジャンルの一貫性を保つ」点です。

## まとめ｜TikTokの特徴を活かして運用する

TikTokでは「おすすめ」経由での露出を狙っていくことが重要ですが、これは「どんなユーザーに関心をもたれる可能性があるアカウント/コンテンツか」をTikTokのアルゴリズムに理解してもらう必要があります。そのため、**コンテンツの見せ方や取り扱う内容は定期的に変えつつも、アカウント全体で発信するテーマやジャンルはブラさずに運用していきましょう。**

Chapter
06

# SNS運用に役立つテクニック

SNS運用に取り組むうえで重要な炎上対策などの「守り」に加え、よりアカウントを成長させるためにこちらからコミュニケーションしていく「攻め」のテクニックを解説します。

# 炎上対策

SNS運用時に気をつけたい、SNSにおいて守るべきルールやマナーを知って炎上を予防するとともに、もし炎上が起こったときにどのように対応すればよいかを学びましょう。

## 01 | 炎上(ネット炎上)とは

　炎上/ネット炎上とは、SNS上での投稿がユーザーの大きな批判や不満を引き起こし、次々に広範囲に拡散する現象を指します。このような状況は企業や個人の信用失墜に直結し、時には業績への悪影響をもたらすことがあります。

## 02 | 炎上はなぜ起こるのか

　次の表は、炎上が悪化していく段階を示しています。注意したいことは、STEP1の事象は必ずしもリアルタイムで起こっている出来事とは限らないという点です。過去の行いや発言がいま注目を浴びて炎上のきっかけになるということも決して珍しくはありません。

| 炎上の段階 | 事例 |
|---|---|
| STEP1 | 炎上のきっかけとなる事象発生(オンライン/オフライン) |
| STEP2 | X/Instagram/Facebook/ネット掲示板などに投稿される |
| STEP3 | STEP2で投稿された内容について一部ユーザーが話題にする |
| STEP4 | インフルエンサーが話題にし始める |
| STEP5 | STEP1で発生した事象の経緯やSTEP2-4で生じたやり取りがまとめサイトやネットニュースなどに掲載される |
| STEP6 | まとめサイトやネットニュースなどを閲覧したユーザーが炎上に加担する |
| STEP7 | マスメディアに取り上げられることで世間一般にも認知される |

　以下の図では、炎上を5つのケースに大別しています。昨今では右端列のような「巻き込まれ炎上」というケースもあります。巻き込まれ炎上は第三者の憶測や勘違い悪意によって、自分になんの落ち度がないにもかかわらず炎上してしまうケースです。このように**どんなに気を付けてSNSを運用していても炎上してしまうことがあるため、炎上を100％防ぐことは不可能**といえるでしょう。

|  | SNS内(オンライン) | SNS外(オフライン) | 巻き込まれ炎上 |
|---|---|---|---|
| 企業 | ・公式アカウントの不謹慎な投稿<br>・公式アカウントの誤投稿(誤爆) | ・不祥事、商品/サービスの欠陥など<br>・センシティブ(デリケート)なテーマを扱った広告/宣伝 | ・デマ/フェイクニュース<br>・第三者による誤解/憶測/悪意 |
| 従業員 | ・公序良俗に反する投稿<br>・機密情報や他人の個人情報を投稿<br>・フェイクニュースの拡散 | ・公序良俗に反する投稿 |  |

よって、炎上対策には未然に防ぐ予防と、発生後の早期発見・消火という事前・事後の2つの観点で対策が必要です。

## 03 ｜ 炎上を予防する

　炎上予防策として以下の3点が挙げられます。それぞれ順番に確認していきましょう。

- 時勢に対する感度を高めておく
- 投稿内容の校正・校閲を徹底する
- ファン・フォロワーとの良好な関係を構築する

　まずは、社会的な動向や流行、オーディエンスの感情をできるだけリアルタイムで把握して、時勢に対する感度を高めておきましょう。これにより、不適切・センシティブな話題を避けることが可能になり、炎上のリスクを低減できます。

　意図していない誤字や脱字などちょっとしたミスでも炎上に繋がることがあります。投稿内容の校正・校閲を徹底するには、SNS投稿前チェックリストを作成すると良いでしょう。例えば次のような項目を考慮に入れたチェックリストなどを用いて投稿内容が適切かを見極めましょう。

| チェック内容 |
| --- |
| 誤字脱字がないか |
| 情報が正しいか |
| 誰かを傷つけたり誤解を招いたりするような内容がないか（敏感な話題には特に注意が必要） |
| 会社やブランドにとってふさわしい言葉遣いや内容か（ブランドのイメージを守る） |
| 何が話題になっているか（前述の時勢） |

　ファン・フォロワーとの良好な関係を構築することも炎上を防ぐことに役立ちます。**ファンやフォロワーと良好な関係性を築けている場合、仮になにか問題が起きた場合も、その後の理解やサポートが得やすくなります。**たとえば小さなミスが起きたとしても、良い関係を築いているファンなら「大丈夫、次頑張ればいいよ！」と励ましてくれるかもしれません。

　さらに、フォロワーとの良い関係は、新しいフォロワーを引き寄せる効果もあります。ポジティブなコミュニティがあれば、新しい人も参加しやすい環境になります。つまり、**ファンやフォロワーとの良い関係を築くことで、信頼とサポートの輪が広がり、小さな問題が大きな炎上に発展するのを防ぐことにつながります。**

## 04 ｜「炎上さしすせそ」を押さえておこう

　なにがきっかけで炎上が起こるか完璧に予測することは難しいものの、公序良俗に反する投稿内容など、その話題の性質からもともと炎上に繋がりやすいトピックは存在します。ここでSNSエキスパート協会が定めている「炎上さしすせそ」を見てみましょう。

● **気を付けておきたい炎上要因**

---

**炎上さしすせそ**

さ：災害・差別
し：思想・宗教
す：スパム・スポーツ・スキャンダル
せ：政治・セクシャル（LGBTQ・ジェンダーを含む）
そ：操作ミス（誤投稿）

---

　このようなトピックを扱う際には特に注意が必要です。**これらに関するSNS投稿は避けるか、投稿する場合は十分気を付けましょう。**可能であれば、投稿前に「校正・校閲を徹底する」観点から自分以外の人にチェックしてもらうWチェックという過程を含めることで、自力では気づけない危険な部分を発見できる場合もあります。

　また、内容自体が問題なかったとしても特定のタイミングや立場で発信することによって炎上につながってしまうケースもあります。常に「いまこのアカウントがこの内容を発信して問題ないのか」という注意を払っておきましょう。

## 05 | 炎上の早期発見・早期消火

　ここからはもし炎上が発生してしまったらどうすればよいかという観点で解説していきます。前述のとおり、どんなに気を付けていても炎上を完全に防ぐことはできないため、問題が大きくなる前の早期発見と早期消火が非常に重要です。そのためには、以下のような対応を構築することが望ましいと言えます。

- モニタリングシステムの導入
- 対応フローの作成

　モニタリングシステムとは、SNSアカウント上での活動や反応を定時的に（多くの場合24時間365日）体制で監視し、管理するシステムです。これにより、投稿やコメントによる自社へのクレームや誹謗中傷など、炎上のきっかけとなる危険性があるリプライやユーザー投稿などを早期に発見し、迅速に対処できます。運用担当者のみで24時間365日の監視を実現することは難しいですが、モニタリングを専業で請け負っている企業もあるため、場合によっては外注も検討できます。

　また、以下はトラブルが起こった際の対応フローの例です。初期段階の炎上は基本的に時間が経つほど悪化するため、早急な対応が求められます。発生時には焦りから冷静な判断・対応ができないケースもあるため、日頃から備えておくことが重要です。また、副次的なメリットとして複数人で運用している場合は自分以外のメンバーがフローを参考に対処できるという点も挙げられます。

- SNS炎上時の対応フロー

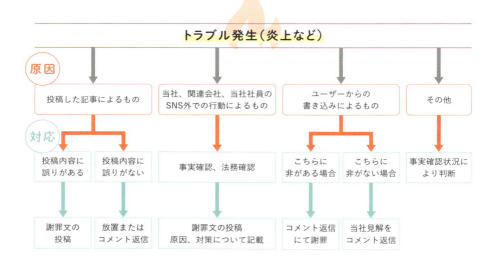

## 06 | もし炎上してしまったら

　ここまでの解説をよく読んで十分に対策したとしても炎上は起こり得ます。その場合は、冷静かつ迅速に対応をしましょう。その際に重要なことは以下の3点を最短で実施することです。

- ●状況把握
- ●対策の判断
- ●対策の実行

　炎上の内容によりますが、基本的に**自アカウントに起因する場合はできるだけ早く、原因を明らかにした謝罪や再発防止策の提示など、誠意ある対応が求められます。**逆に、自アカウントと関係ない巻き込まれ炎上の場合は、その旨を周知して、ユーザーに理解してもらうことも大切です。

- 炎上してしまったらどうすればいいのか

## 炎上時に求められる対応

### 🔥 迅速な対応
炎上をできるだけ速く発見し、スピーディに対応することが重要です。
状況を悪化させないためにも、問題の全体像を認識し、
適切なアクションを取りましょう。

### 🔥 状況の把握
炎上の原因や広がり具合を正確に把握します。どのような投稿が炎上の
きっかけになったのか、どのようなユーザーが反応しているのかを理解
します。

### 🔥 公式声明の発表
状況に応じて、公式な声明を発表しましょう。誤解を招いた点、
対応策、今後の予防策などを明確に伝えましょう。

### 🔥 誠実な謝罪
間違いがあった場合は、誠実に謝罪することが大切です。
責任逃れをせず、問題を真摯に受け止める態度が重要です。
ここをおろそかにすると、謝罪をしたことでさらに炎上が悪化する
場合もあるため注意が必要です。

### 🔥 内部での情報共有
社内での情報共有と連携を図ります。関連する部署やスタッフと情報を
共有し、一貫した対応を行うことが大切です。

### 🔥 今後の予防策の検討
炎上の原因を分析し、再発防止策を検討します。必要に応じて、
ガイドラインの見直しやスタッフ研修を実施しましょう。

### 🔥 専門家のアドバイスを求める
状況が複雑である場合や、自力での対処が難しい場合は、
法律家やPRの専門家に相談することも検討します。

## 07 | 炎上後の対応

SNSでの炎上発生後に一定期間投稿を自粛することは、以下のような理由から有効に働くと言えます。自粛期間を設けることで、状況の悪化を防ぎ、今後の適切な対応策を練るための時間を確保しましょう。

| 現象 | 投稿自粛による効果 |
| --- | --- |
| 感情の沈静化 | 炎上時は多くの人が高ぶった感情状態にあります。投稿を一時停止することで、冷静さを取り戻し、感情が沈静化する時間を与えます。 |
| 状況評価と戦略立案 | 自粛期間を利用して、炎上の原因を分析し、適切な対応策を慎重に計画できます。急いで行動することでさらなる誤解を招くリスクを避けます。 |
| 信頼回復への配慮 | 一時的な自粛は、問題に真摯に向き合っていることの表れとして、公衆に受け取られることがあります。この態度が、信頼回復の第一歩となる場合があります。 |

また、ケースバイケースではありますが、炎上した投稿を削除する場合はすぐに削除はせずに、**謝罪や再発防止策を提示できたタイミングで削除することをおすすめします。**

特に初めての炎上では焦ってすぐに投稿を削除してしまいがちですが、ユーザー目線では「削除＝証拠の隠蔽」と見えることもあり、かえって火に油を注ぐ形になってしまう場合もあります。また、**ほぼ100％のケースで炎上の原因となるような投稿はスクリーンショット等をユーザーが撮影しており、真の意味での「消去」は不可能だと思ったほうがいいでしょう。** 企業として誠意ある行動が先決です。

また、炎上時に冷静に対処できるよう「投稿を削除するのかどうか」という観点も前述の対応フローに組み込んでおけるとベストです。

## Section 2 ソーシャルリスニング（エゴサーチ）を活用する

ソーシャルリスニングは傾聴を意味し、SNSや掲示板、ブログ上での公開された投稿や会話を収集し、分析するプロセスです。

### 01 ソーシャルリスニングを行う

　ソーシャルリスニングでは、商品・サービス名など特定のキーワードやブランド名、業界用語などに関連する言及を追跡し、それらのデータを収集・分析することでアカウントの改善に反映します。

● ソーシャルリスニングの概要

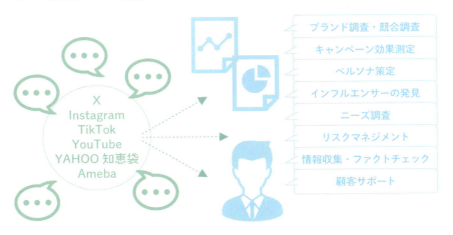

※それぞれ通称・略称や日本語表記／英語表記なども含んで検索すると、より幅広いデータが集められるでしょう。

集められたデータをもとに、以下の3点の内容などを分析し、自社のその後のSNS運用改善に反映していきます。

- どんなときに言及されているか
- どんな内容で言及されているか
- 発言をしているユーザーは他にどんな発信を普段行っているか

　これらはアカウントを発展させるというポジティブな働きだけではなく、炎上の火種となるようなネガティブな言及を早期に発見できるというメリットもあります。可能な範囲で定時的に観測を続け、言及内容の変化を追っていきましょう。ただし、ソーシャルリスニングを行うには時間もコストも多くかかるため、専用ツールを利用して効率よく収集・分析をおこなうのがおすすめです。

### TIPS　公式ハッシュタグを制定して活用しよう

　ソーシャルリスニングをしていくと、商品・サービスやブランド名によっては、表記揺れが発生しているケースもあると思います。その場合には、公式アカウントが特定のキーワードで公式ハッシュタグを制定し、ユーザーへ紹介することでその利用を促しましょう。公式ハッシュタグによって発言を集約できるように誘導することで、ユーザーとしても迷わずハッシュタグが利用でき、アカウントとしても検索がしやすくなるメリットがあるため、検討してみましょう。

# アクティブコミュニケーションを活用する

アクティブコミュニケーションは、ソーシャルリスニングとも連動した施策です。自社の商品やサービスなどについて発信しているユーザーに自らアプローチしていきます。

## 01 | アクティブコミュニケーションを行う

アクティブコミュニケーションは、自身のアカウントに寄せられたユーザーからのコメントやリアクションに対して反応する受動的（パッシブ）コミュニケーションと対照的に、アカウントが能動的にユーザーへアプローチしにいく施策です。**ポジティブな言及に対してはもちろん、自社の商品・サービスやブランドについて、疑問・不安・不満を抱えているユーザーの悩みを解決するサポートの側面もあります。**

## 02 | ポジティブな発言に対するアクティブコミュニケーション

まずはポジティブな発言に対するアクティブコミュニケーションから始めてみましょう。最初の段階では、ユーザーの言及に対して「いいね！」をつけるだけでもよいでしょう。**大切なのは、ユーザーへのコミュニケーションに対して一定の基準を設け、一貫した対応を行うことです。**

- **アクティブコミュニケーションの基準**

> 反応する基準と方法を考えてみよう！

例えば・・・

### ユーザーコメントに対して、すべて「いいね」を行う。

コメント返信に関しては、アカウントや商品・サービスに対するポジティブな投稿やユーザーとのコミュニケーションが取れそうなものをピックアップし対応する。

> 反応しない基準を考えてみよう！

例えば・・・

- 投稿内容が公式アカウントとユーザーとのコミュニケーションの趣旨にそぐわない情報を含む
- ネガティブな要素を含むもの
- 公序良俗に反するもの
- 個人情報、その他個人が特定できる内容を含む投稿
- 著作権に抵触する可能性があるもの
  → 他社のロゴや競合サービス画面などが写り込んでいる、他者の著作物を写した画像、など（コメント自体ではなく、ユーザーのアカウントプロフィールにて利用している程度は OK）

※対象の投稿内に除外対象の要素がなかった場合でも、反社会的な活動やセンシティブな特徴がみられるアカウントの場合はいいね／コメント返信の実施は行わない。（プロフィール・タイムラインを要確認）

## 03 | ネガティブな発言に対するアクティブコミュニケーション

　ユーザーがネガティブな発信を行っている時点では、企業や商品・サービスに対して悪印象を抱いていることが多いですが、「アクティブコミュニケーション」は**企業が自らユーザーにアプローチして課題解決に導くことで、その印象をポジティブに転換し、ユーザーの満足度向上につながる可能性もある手法です。**そのためアクティブサポートとも呼ばれます。また、それらのやりとりを蓄積することで今後の品質向上にも役立ちます。

● ネガティブな反応に対するアプローチ

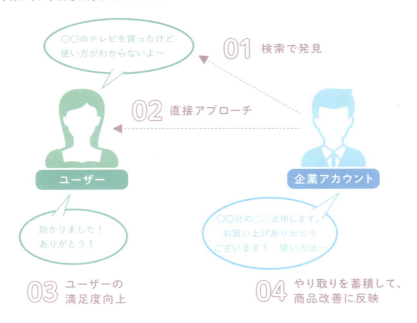

## 検索避けの対応は避ける

　SNS(特にXでは)、企業やブランド公式のソーシャルリスニングなどで捕捉されることを避ける目的で、検索避けと呼ばれる隠語を使って他のユーザーとコミュニケーションをしているケースがあります。多くの場合、文字通り「検索で発見されたくない」という意思のもとキーワードを使用している可能性が高いため、たとえ検索の過程で発見したとしても、こちらからは無理にコミュニケーションしにいかない方がよいでしょう。

## プレゼントキャンペーンを実施する

プレゼントキャンペーンは、アカウントのフォローや投稿への反応を条件に、ユーザーにインセンティブ（プレゼント）を贈呈することで、フォロワー数や反応数を獲得につなげます。

## 01 | プレゼントキャンペーンを成功させるポイント

　プレゼントキャンペーンは、短期間でフォロワー数や反応を獲得するために有効な施策の1つです。ユーザーに対してインセンティブを用意する必要があるものの、キャンペーン自体は有料機能を使わずとも実施することができます。

　プレゼントキャンペーンの鍵は、以下2点を意識したインセンティブの設定です。ここをしっかりと押さえて今後のSNS運用に効果的なキャンペーンにすることが重要です。

- ●質＞量もしくは質＋量で選ぶ
- ●企業ならではかつターゲットがほしい賞品を選ぶ

　まず1つ目のポイントは「質＞量もしくは質＋量で選ぶ」です。キャンペーンの総参加者数は、賞品の当選者数の多さよりも高額賞品の多さに影響される傾向があります。一方で、当選者数が少なすぎると、当たる可能性の低さに参加を諦められてしまうことも発生します。**おすすめは、質を追求した「高額賞品」を少数＋参加賞代わりの「低額賞品」を大量という、バランスをとった賞品選定です。**

　2つ目のポイント「企業ならではかつターゲットがほしい賞品を選ぶ」です。インセンティブには商品・サービスに関連するアイテムや、自社ノベルティなどを設定することがおすすめです。プレゼントキャンペーン

でよくある悩みが「キャンペーン終了後に、すぐにフォロワーが減ってしまった」、「フォロワーが増えたのに、反応が増えない」など、キャンペーンで増えたフォロワーがポジティブな結果につながらないことです。これは、「インセンティブをもらうことだけが目的でフォローした」ユーザーがフォロワーに増えたことに起因するケースが多いです。こういったユーザーはあくまでインセンティブのみが目的なので、抽選がはずれたことがわかった段階でフォローを外したり、フォロー継続していたとしてもアカウントには興味がないので投稿に反応しなかったり…といった行動が想定されます。

　理想は、企業やサービスに興味・関心があるユーザーとキャンペーンをきっかけにつながれることなので、その点を考慮したインセンティブを用意しましょう。

## TIPS インセンティブ選びは各SNSの利用規約に則って

　企業アカウントのメジャーな企画として日常的に実施されているプレゼントキャンペーンですが、SNSの利用規約によってはインセンティブとして設定することがNGなアイテムも存在します。例えば、Instagram（およびFacebook）では、フォローや投稿への反応の見返りに、現金または金券、それに相当するものを設定したプレゼントキャンペーンは利用規約で禁止されています。こういった利用規約違反をおこなった場合アカウントにペナルティが科され、最悪の場合アカウントの停止なども起こり得ます。キャンペーン実施前には、各SNSのガイドラインを確認するようにしましょう。

"「いいね！」やフォロー、コメントを含むやり取りの見返りに、現金や現金同等物の提供を申し出たりしないでください。"[*19]

＊19出所: コミュニティガイドライン｜Instagramヘルプセンター
https://help.instagram.com/477434105621119/

# ライブ配信を活用する

X・Instagram・TikTokではユーザーとインタラクティブなコミュニケーションができる「ライブ配信」を行うことができます。(Xでは有料機能)

## 01 | ライブ配信とは

「インスタライブ」や「TikTokライブ」は、スマートフォンひとつで気軽に動画配信できる各SNSに無料で備わっている機能です。ライブ配信を活用することで、リアルタイムにユーザーとコミュニケーションすることが可能です。

## 02 | ライブ配信の有効性を考える

では、ライブ配信では通常の投稿と比べて具体的にどのような点が効果的に働くのか考えていきましょう。ライブ配信のポイントは以下の3点です。

- ●視聴体験
- ●双方向性
- ●エンゲージメントの増加

ライブ配信から得られる視聴体験は、リアルタイムで情報やイベントを共有することができるため、視聴者はまるでその場にいるかのような体験を得られます。特に、ライブ配信中に視聴者はコメントや質問を投稿できるため、配信者と視聴者間の直接的な対話が生まれます。これにより、配信内容に即したフィードバックを得られるだけでなく、視聴者の関心や好みを理解する手がかりとなります。

さらに、配信中はリアルタイムでの反応が可能なため、視聴者はより積極的にコンテンツに参加することでエンゲージメントの増加が期待できます。

ライブ配信の活用例としては次のような方法があります。それぞれユーザーに伝えたい内容や利用したい用途に合わせて、最適な活用法を採用するようにしましょう。

| ライブ配信の種類 | 特徴や期待される効果 |
| --- | --- |
| 製品紹介/ライブコマース | ・新製品の発表やデモンストレーションをライブで行い、視聴者に対して即座に商品・サービスの魅力や使用方法を伝える。<br>・視聴者はリアルタイムで質問を投げかけることができ、それに対する直接的なフィードバックや説明を提供することが可能。<br>・その場で購入できるウェブサイトなどを紹介することで、コンバージョンにもつなげられる可能性が上がる。 |
| イベントの生配信 | ・会議やセミナー、製品発表会などのイベントをライブ配信することで、現地にいない人々もイベントを体験できるようになり、リーチを大幅に拡大する。 |
| Q&Aセッション | ・ユーザーからの直接的な質問に答えるQ&Aセッションを設けることで、関係を深め、疑問や懸念をクリアにする機会を作る。 |
| インフルエンサーとのコラボレーション | ・インフルエンサーを招いてライブ配信を行うことで、そのインフルエンサーのフォロワー層など、新たなユーザーへのリーチが期待できる。 |

また、ライブ配信を行う際には以下の準備を整えておくことがより効果的な配信に繋がります。ライブ配信を行うには通常の投稿と比べてコストがかかりますので、これらをセットで行うことで効果の最大化を目指しましょう。

- **ライブ配信をより効果的にするポイント**

> **事前告知**
> 開催日時を事前にユーザーへ共有し、期待を高めつつ、当日の参加者増加につなげる。
>
> **当日告知**
> 開催当日にライブ配信についてリマインドし、参加者数を最大化する。
>
> **事後のアーカイブ配信**
> リアルタイムで見られなかったユーザーに対して、アーカイブ動画の配信や、まとめコンテンツを発信し、情報のリーチを拡大する。

# 生成AIを活用する

近年、生成AI(Generative AI)は驚異的な進化を遂げ、SNSマーケティングを含む様々な分野での活用が広がっています。

## 01 | 生成AIの活用とその注意点について

生成AIとは、ディープラーニングなどの機械学習を用いて、テキスト、画像、音声などのデータやコンテンツを生成するAI技術を指します。特にSNSマーケティングにおいては、**広告、コンテンツ制作、顧客とのコミュニケーションなど多岐にわたる用途で利用され始めています。**

● 生成AIをSNS運用に活用する

### 生成AIのSNS運営での活用シーン

- ウェブ記事やニュースリリースなどの要約
- 外国語の翻訳
- 運用やコンテンツに対する示唆の提示
- データ分析
- 意見やアイデアに対するフィードバック
- テキストや画像などのコンテンツ作成
- 情報収集

生成AIは便利な一方で、使用する際には注意すべき点もあります。一般的に生成AIは、ユーザーが入力した内容を機能向上のための学習データとして利用します。そのため、会社の機密情報や個人情報などを入力すると、それがきっかけで外部へ流出してしまう可能性があります。機密/

個人情報の管理のためには、あらかじめオプトアウト設定[*18]を行うなどの対策を講じる必要があります。

　また、生成AIの出力に含まれるハルシネーション（もっともらしい嘘）にも注意が必要です。**ハルシネーションとは、生成AIが現実に基づかない不正確な、または意味のない出力を生成する現象を指します。**これは特にテキスト生成AIにおいては、事実と異なる情報や論理的に矛盾した内容を生成してしまうことが問題になります。

　生成AIは必ずしも正しい情報を出力するわけではないため、**事実確認などアウトプットの品質確認は人間が最終チェックを行うことが必要です。**この他にも、他者の著作権やその他の知的財産権を侵害しない、など法的・倫理的観点でも利用に注意する必要があります。
　これらの注意点を踏まえたうえで、この本で解説する内容は、メジャーなテキスト生成AIであるChatGPTを題材として記載します。

## 02 プロンプトについて

　プロンプトとは、生成AIに対して特定のタスクを実行させるために入力する指示や質問、またはその命令文のことを指します。生成AIは入力されたプロンプトによって出力を行うため、望むような出力を得るために適切なプロンプトを準備することが必要です。プロンプトを作成する際には、以下の要素を押さえて制作するのがポイントです。

●**具体的で明確な指示**
●**文脈の提供**
●**シンプルで簡潔**

---

*18: ユーザーやデータ提供者が自分のデータが生成AIのトレーニングや利用に使用されることを拒否する権利を行使するプロセスのこと

また、一度の入力だけで完璧な回答を得ようとせずに、生成AIとの対話の中で徐々に出力の品質を上げていくことも意識しましょう。プロンプト設計では、「命令・文脈・入力・出力」の順で記載することが望ましいです。特に文脈の役割は、命令・指示の曖昧さを解消し、より具体的なプロンプトにするために重要です。

---

#命令・文脈
あなたは優秀なSNSマーケティング担当者です。
以下の制約条件と入力文に従って、新商品の魅力を紹介するテキストを作成してください。

#制約条件
・テキストに「フォロワーが増える秘訣教えます。」というキャッチコピーを含める
・テキストに発売日を含める。なお、その際の表記は「MM月DD日(aaa)」で記載
・入力内容の数値には変更を加えない
・少ない分量で端的に表現する

#入力文
最短3カ月でフォロワー数1万人を実現する　ゼロからのSNS運用法
著者：株式会社コムニコ/株式会社ジソウ
発売日：2024年11月1日（金）
ISBN：978-4-8156-2605-1
サイズ：A5判
ページ数：192
SNS運用とは地道な日々の積み重ねで少しずつ成果を出していくものです。一発逆転の裏ワザはない一方で、適切なコンセプト設計と努力の継続さえできればわずかながらでもアカウントを成長させていくことが可能です。本書ではX・Instagram・TikTokを駆使して「総フォロワー数1万人」を目指すために必要な基本知識とエンゲージメントの分析、SNS運用戦略の立て方を丁寧に解説します。

#出力形式
親しみやすい口語表現を使ったテキストで出力する

---

「フォロワーが増える秘訣教えます！」
最短3カ月でフォロワー数1万人を実現する方法を知りたくありませんか？本書では、X（旧Twitter）、Instagram、TikTokを使って総フォロワー数1万人を目指すための基本的な知識や、エンゲージメントの分析方法、さらに効果的なSNS運用戦略をわかりやすく解説しています。地道な努力と継続で、あなたのアカウントも大きく成長させることができるはずです。発売日は**11月1日（金）**、ぜひお見逃しなく！

● SNS投稿を作成するためのプロンプト例

## 生成AIでのプロンプト

### 命令・文脈
あなたは優秀なSNSマーケティング担当者です。
以下の制約条件と入力文に従って、新商品の魅力を紹介するテキストを作成してください。

※ルールや目的を明示する：出力するときでやってほしいルールや、目的を指示することで望む出力が得やすくなります。具体的な指示は曖昧されていることもあるこの時点で伝えておきましょう。

### 制約条件
- テキストに「○○○○」というキャッチコピーを含める
- テキストに発売日を含める。なお、その際の表記は
「MM月DD日（aaa）」で記載
- 入力内容中の数値には変更を加えない
- 少ない文量で端的に表現する

※整理整頓などで要素を列挙することで、AIに理解しやすい指示にします。日本語での指示の場合特に、主述や動詞の区別が曖昧で伝わりづらいケースがあります。小分けにすることで、指示を修正する際にも問題箇所が特定しやすいです。

### 入力文
{ 新商品のニュースリリースや、ウェブサイトでの紹介文など
新商品についての情報を記載 }

※複数要因入力を入れたい場合は、「命令・文脈」の段階で、「『以上の内容を基に出力してください』という指示があるまでは出力しないでください」などと指定しておき、順序で入力を行うことも可能です。

### 出力形式
親しみやすい口語表現をつかったテキストで出力する

※例えば他にも、会話形式やQ＆A形式、箇条書き形式で出力させたり、例文を設定してそのフォーマットに合わせて出力させることができます。

# 適材適所の
# プラットフォーム選び

SNSマーケティングを成功させるためには、各プラットフォームの特性を理解し、それに応じたコンテンツを企画することが重要です。コンテンツの性質ごとに効果的な投稿を考えてみましょう。

## 01 | 速報性の高いコンテンツ

- ●リアルタイムでの情報共有
- ●即時性が求められるニュースやイベント

　これらの性質をもつコンテンツはXでの公開がおすすめです。出来事が起こってからできるだけ早い公開が求められるため、**長文で内容を充実させるよりも、シンプルに何が起こっているか理解できる短文など、伝わりやすさを重視しましょう。**ぱっと見で状況がわかる写真や動画などを添付するのも効果的です。

| 投稿例 | 投稿の内容 | 投稿 |
|---|---|---|
| 新商品リリースの速報 | 🚀新製品がついに発売開始！詳しくはリンクから 👉[URL] | QR |
| イベントのライブ更新 | イベントが始まりました！最新情報をリアルタイムでお届けします！ | QR |
| 緊急アナウンス／ニュース | ⚠本日予定していたイベントが天候不良のため延期となりました。詳細は追ってお知らせします | QR |

・出典元の投稿（上から順に）
①https://x.com/Nintendo/status/1828443139859788103
②https://x.com/Nintendo/status/1828402080190476565
③https://x.com/livedoornews/status/1827204549842759823

## 02 | 視覚的に魅力があるコンテンツ

- ビジュアルが強調される、見た目のインパクトが大きい
- ブランディングやライフスタイルの訴求

　これらの性質をもつコンテンツはInstagramでの公開がおすすめです。高品質なクリエイティブや、ブランドの持つイメージなどを利用して最も効果的に訴求できる方法と言えるでしょう。

| 投稿例 | 投稿の内容 | 投稿 |
|---|---|---|
| ハイクオリティな製品写真 | 新商品〇〇〇が登場！スタイリッシュで機能的なデザインを動画と写真でチェック　#ブランド名 #製品名 | |
| ブランドのライフスタイル写真 | 私たちの製品と過ごす生活のイメージをご覧ください　#ブランド名　#製品名 | |
| ストーリーズでの一日密着やライブ配信 | 今日のストーリーズでは、私たちのチームがどのように働いているかをお見せします！ | |

・出典元の投稿（上から順に）
① https://www.instagram.com/p/C-HtuepSU2l/
② https://www.instagram.com/p/C_HgWcvqXKF/
③ https://www.instagram.com/stories/highlights/18015139276958364/

## 03 | エンターテイメント性の高いコンテンツ

- **視聴者を楽しませることが第一目的**
- **バイラル効果を狙う**

　これらの性質をもつコンテンツはTikTokやXでの公開がおすすめです。ただし、これらの投稿はユーザーからの反応を得やすい一方で、使われているもとの動画や画像、音源が著作権を侵害している場合や、差別的な意図を含んでいるケースがあるため、企業・団体のアカウントで取り入れる場合には事前に元ネタを確認するようにしましょう。

| 投稿例 | 投稿の内容 | 投稿 |
| --- | --- | --- |
| トレンドチャレンジやダンス（TikTok） | 最新のダンスチャレンジに参加してみました！<br>#ダンスチャレンジ　#曲名 | |
| 流行している動きや画像、出来事など（X） | 今流行っている<br>#○○ を真似してみました | |

・出典元の投稿（上から順に）
①https://vt.tiktok.com/ZS2hopSmo/
②https://x.com/REBHPortal/status/1803977909524402281

## 04 教育・啓発コンテンツ

- ●有益な情報やスキルの提供
- ●ブランドがもつ専門知識や技術力の訴求

　これらの性質をもつコンテンツはInstagramやTikTokでの公開がおすすめです。

| 投稿例 | 投稿の内容 | 投稿 |
|---|---|---|
| メイクチュートリアル動画（Instagram） | ○○風メイクのやり方を紹介します💄<br>#○○　#(商品名) @(ブランド名) | (QR) |
| フィットネスガイド（Instagram） | ○○痩せを狙う効果的なワークアウトのステップバイステップガイド🏆　#ワークアウト | (QR) |
| DIYのコツ（TikTok） | たった1分でできるDIYテクニックを紹介します🔧<br>#DIY　#(制作物の名前) | (QR) |
| 料理レシピ（TikTok） | 今日は簡単でおいしい料理レシピを紹介します🔍<br>#レシピ　#(料理名) | (QR) |

・出典元の投稿（上から順に）
①https://www.instagram.com/maccosmeticsjapan/reels/
②https://www.instagram.com/247workout_official/reels/
③https://www.tiktok.com/@tanner_mottodiy?_t=8pF1c15dRZo&_r=1
④https://www.tiktok.com/@delishkitchen?_t=8pF1cqi627t&_r=1

## 05 | クロスプラットフォーム

　各プラットフォームに最適なコンテンツを理解することは重要ですが、これを連携させて統合的なマーケティングを展開することも効果的です。例えば、以下のようにプラットフォームごとに役割を分け、並行して情報発信を行うことも有効です。

●**Xで新商品の速報を発信**
●**Instagramでそのビジュアルコンテンツを共有**
●**TikTokで使用方法を紹介する動画を投稿**

　クロスプラットフォーム投稿例としては、2024年7月17日のSamsung Japanの一連の投稿が挙げられます。このように複数のプラットフォームでそれぞれアカウントを運用することで最適な広告戦略を打ち出すことができるのがSNS運用の理想系と言えるでしょう。

| SNS | 内容 | 投稿 |
| --- | --- | --- |
| X | 新商品の発売速報とリンクを紹介、新商品キャンペーン告知 | |
| Instagram | 商品のキービジュアルと使用シーンのリールやストーリーズ | |
| TikTok | 商品の使い方を紹介する短いハウツー動画 | |

・出典元の投稿（上から順に）
①https://x.com/SamsungJPN/status/1813364256961908820
②https://www.instagram.com/p/C9fjR31NFbF/
③https://vt.tiktok.com/ZS2ke1fUW/

## おわりに

　本書では、「伝わるSNS運用」をコンセプトに、総フォロワー1万人達成に向けて、X・Instagram・TikTokで取り組むべき戦略について様々な視点からまとめました。

　具体的なテクニックや分析も必要ではありますが、重要なのは「伝わる」＝ユーザーにコンテンツ（とその内容や意図）が届く、届けるを念頭において継続的に運用を行うことです。

　目に見えるフォロワー数やいいね数などの数字に置き換えられるとついつい忘れてしまいがちですが、画面の向こう側でアカウントを操作しているのは私たちと同じ人間です。SNS運用の本質はただ数字を獲得するのではなく、コミュニケーションの結果それらの数字が伴うことを理解し、ユーザーとの関係構築をしていく中でアカウントが成長していくという意識で運用に取り組んでいただければ幸いです。

## 執筆協力

**黒井 勇冴**（くろい　ゆうが）
**株式会社コムニコ　新規ビジネス開発室　ビジネスプロデューサー**
2017年に株式会社コムニコへ入社。SNSコンテンツプランナーとしてナショナルクライアントを中心に、音楽・ゲームから製薬・金融まで、幅広いジャンル・トーンのSNSアカウント運用に従事。
カスタマーサクセスチームのゼネラルマネージャーを経て、現在は新規ビジネス開発室のビジネスプロデューサーとして、SNSマーケティング関連の新規事業開発に取り組む。一般社団法人 SNSエキスパート協会・認定講師。

**本門 功一郎**（もとかど　こういちろう）
**株式会社ジソウ 代表取締役**
大手外資系メーカーのマーケティング担当などを経て、2010年に株式会社コムニコに入社。コンサルタントとして様々なクライアントのSNSマーケティング支援を担当。2016年、一般社団法人SNSエキスパート協会を立ち上げ、理事に就任。2023年4月、コムニコの兄弟会社にあたる、SNS運用の自走支援を行う株式会社ジソウを立ち上げる。一般社団法人SNSエキスパート協会理事を兼務。

■本書のサポートページ
https://isbn2.sbcr.jp/26051/
本書をお読みいただいたご感想を上記URLからお寄せください。
本書に関するサポート情報やお問い合わせ受付フォームも掲載しておりますので、あわせてご利用ください。

最短3カ月でフォロワー数1万人を実現する
ゼロからのSNS運用法

2024年 11月 8日　初版第1刷発行

| | |
|---|---|
| 著　者 | 株式会社コムニコ |
| | 株式会社ジソウ |
| 発行者 | 出井 貴完 |
| 発行所 | SBクリエイティブ株式会社 |
| | 〒105-0001 東京都港区虎ノ門2-2-1 |
| | https://www.sbcr.jp/ |
| 印　刷 | 株式会社シナノ |

| | |
|---|---|
| 執筆協力 | 黒井 勇冴 |
| | 本門 功一郎 |
| 写真 | nono（のの） |
| | Unsplash |
| | Pixabay |
| カバーデザイン | 市川 さつき |
| 制　作 | 株式会社ダイヤモンド・グラフィック社 |

落丁本、乱丁本は小社営業部にてお取り替えいたします。
定価はカバーに記載されております。
Printed in Japan　ISBN978-4-8156-2605-1

本書の内容は著作権法上の保護を受けています。著作権者・出版権者の文書による許諾を得ずに、本書の一部または全部を無断で複写・複製・転載することは禁じられております。